本书系国家社会科学基金项目资助课题“我国保险领域因果关系认定标准研究”（课题号：18BFX134）的阶段性成果

德国保险领域因果关系认定标准研究

赵越 著

法律出版社 LAW PRESS · CHINA

序　言

因果关系的问题无论是在古代还是现代，在东方还是西方，在哲学还是法学上都是一个根本而复杂的问题。在对这一问题的探索过程中，经历了从唯心主义到唯物主义，从哲学到法学的历程。在哲学领域，唯心主义因果观和唯物主义因果观的争论为法学领域因果关系问题的研究奠定了坚实的理论基础，也催生了“条件说”这种兼具哲学气质和法学特点的因果关系认定学说，直到今天为止包括德国在内的很多国家仍在沿用该学说。在法学领域，基于哲学领域的相关理论，各种关于因果关系认定的学说层出不穷，其间不乏一些如明星般璀璨的学说，如“相当因果关系说”“近因说”“必然因果关系说”“直接因果关系说”“比例因果关系说”“客观归责理论”等。这些学说为大多数国家所接受，并且一直沿用至今。

德国作为乐于并善于思辨的国度，德国人作为哲学家和法学家辈出的民族，在哲学领域和法学领域的因果关系研究方面都作出了极大的贡献。在哲学领域，康德对休谟的唯心主义因果观进行了鞭辟入里的批判，并提出客观世界是存在"普遍性的因果关系"的，这种思想使因果关系研究从主观性走向客观性迈出了重要的一步。正是这重要的一步，使法学领域因果关系的研究变得豁然开朗，甚至可以说法学领域的因果关系学说都是建立在这一论断基础之上的。因为法学与哲学不同，相对来说法学更具有客观性，像"以事实为依据""定案必须有充分的证据"等论述就是很好的说明。而康德的因果关系理论正好与法学的基本属性相互契合。在法学领域，德国帝国法院法官，法学家冯·布里（Von Buri）通过司法的适用极大地完善了"条件说"，以致后世很多学者认为就是他创造了"条件说"。德国弗莱堡的心理学家冯·克利斯（Von Kries）凭借着其长期从事概率学研究的功底，创造性地将概率学思维引入到因果关系认定的领域，从而发明了"相当因果关系说"，该学说从诞生之日起就受到了许多国家的追捧，时至今日已经成为法学因果关系认定领域举足轻重的学说。可见，在科学家灿若星河的德国，这些大家们对于人类因果关系研究的事业起到了极大的推动作用。

现在，在德国的司法领域，因果关系认定规则的适用独具特色；因为德国并非适用一种因果关系认定学说来解决所有法域的因果关系认定问题，而是适用不同的因果关系学说去解决不同法域的因果关系适用问题，可以称作是"多元化"的因果关系认定体系。在刑法领域，德国法院适用"条件说"来认定刑事案件中的因果关系问题；在民法领域，德国法院适用"相当因果关系说"认定民事案件中的因果关系问题。在保险领域，德国也是"分而治之"，在私人事故保险中适用"比例因果关系说"认定因果关系；在法定事故保险中却适用"实质条件说"认定因果关系。这种"多元化”的因果关系认定体系,实现了“具体问题具体分析”的问题解决规则,适应了不同法域案件的各自特点,取得了良好的法治效果与社会效果。

在我国的法制体系中,无论是在刑法、民法、保险法还是工伤保险法中,至今都没有明确规定因果关系认定标准,这给司法实践层面因果关系的认定带来了极大的不便,也给案件的公平公正处理增加了障碍。现阶段,法院在审理因果关系认定的案件时,都是采用因果关系认定的理论来确定因果关系存在。这就导致不同的法院、不同的法官适用不同的因果关系认定理论认定因果关系的乱象,极易发生“同案不同判”的现象。面对这样的问题,我国完全可以借鉴德国的经验,在不同法域明确规定因果关系的认定规则,同时又根据不同领域案件的特点规定不同的因果关系认定规则,这样既保证了因果关系认定的有法可依,又可以保证案件处理的“因事而异”。

目　录

引　言

早在西周成康时代，刑法因果关系的观念就已在我国产生，其代表形式为“保辜制度”。[①] 在英美法中，从中世纪开始就确立了“一年零一天规则”。但是，从科学的角度来说，对因果关系进行体系性的理论研究是从19世纪以后才开始。19世纪之后，因果关系的问题一直是科学界研究的重要理论问题和实践问题。无论是在自然科学领域、哲学领域还是社会科学领域，都不可避免地要对因果关系问题进行探寻、研究。人们对因果关系的了解程度，决定了人们对客观世界的认知程度。有人说：“我们甚至可以毫不夸张地说，一切科学问题最终都将归结为因果关系。”也有人说：“我要是能搞懂一个因果关系，就是波斯王位给我都不要。”还有人说：“因果关系是哲学中的哥德巴赫猜想。”可见，因果关系的问题总是

① 蔡枢衡：《中国刑法史》，中国法制出版社2005年版，第196页。

有些许的神秘色彩。

“因果关系”这个概念的产生并非一蹴而就,其产生基本上经历了两个阶段。第一阶段,“因果”概念产生。“因果”一词最早产生于印度。在公元前六世纪,印度婆罗门教就主张善恶有因果,生死轮回。第二阶段,“关系”一词产生。“关系”一词是产生于古希腊,古希腊的哲学家在讨论哲学问题时,首先开始使用了“关系”这个词。随着时间的推移,因果关系概念产生,可以说因果关系概念是人类历经了几千年的文明传承,东、西方文化融会贯通的产物。据推测,大约在二三百年前,东方宗教(因果观)与西方哲学(关系范畴)这两种不同学派思想产生了交流、融合,至此“因果关系”的概念应运而生。马赫认为:“在各个不同时代的学者,他们各自依仗着不同的术语,在不同领域里的研究,仿佛正在朝着一个目标会合。”可见因果关系的重要性和复杂性。就以我国为例,在学术期刊网上收录的 1956～2019 年的文章中,以“因果关系”为关键词的有近 30,000 篇。即使这样,从世界的范围来看,无论是在数量上还是在时间跨度上,这仅仅是“冰山一角”。最近 10 多年,随着科技的发展、理念的进步,在因果关系的研究领域也相应地出现了一些具有颠覆性的理论。2008 年,美国《连线》杂志主编克里斯·安德森(Chris Anderson)以《理论的终结》为题发表论文,认为:“有了足够的数据,数字会自己说话。因而相关关系足够了。相关关系取代因果关系,而科学甚至可以没有连贯一致的模型、统一的理论,或者实际上可以完全没有任何机制性解释而发展。”①可见,因果关系的研究已经进入了全新的阶段。尽管因果关系的

① Chris Anderson, “The End of Theory: The Data Deluge Makes The Scientific Method Obsolete”, *Wired*, June 2008.

问题极其复杂,并且有一些模糊地带经常发生争议,但是其基本的脉络还是比较清晰的。例如,法学家哈特、奥诺尔在著作《法律中的因果关系》中认为:“虽然有一些例外与模糊,但是因果关系的核心意义,还是确定与清楚的,而其写作此书的目的就是将因果关系的确定内核揭示出来,并说明各种例外的情形。”[①]笔者认为,哈特确实也以浓厚的哲学味道,精深的哲学分析方法,深刻而明了地揭示了因果关系的特征,使人们可以沿着正确的方向去探讨因果关系这一复杂的问题,这本身就是一个重大的学术贡献和理论创新。例如,哈特将纷繁复杂的原因区分为促使“事物”发生的“原因”与促使“人”行为的“理由”,进而以此为路径深入分析了侵权法中与刑法中的因果关系,这对于因果关系认定理论与实践的发展具有重要意义。但是,该书仍然存在一定的问题,例如,哈特在因果关系之外仍然探讨了很多似乎不应该由因果关系领域来研究的问题,这些问题从本质上说更加倾向于侵权责任的构成要件,放到因果关系领域去探讨容易产生概念错位所带来的结果错误。再如,哈特在该书中创造性地提出了“常识因果关系”理论,尽管该理论具有一定的创新性,但从其名字上就可以看出其与相当因果关系理论似乎不会有太大的区别,两者共同的缺陷仍然是判断的主观化、标准的模糊化和裁量的自由化。这样的理论给予法官的自由裁量权之大,是难以想象的。

在因果关系研究的发展进程中,法律上的因果关系一直是一个重要的分支。在刑法、民法和社会法三个法域中,因果关系问题是一个既具有理论性又具有实践性的基础问题。事故与健康损害

---

① [英]H. L. A. 哈特、[美]奥诺尔:《法律中的因果关系》(第2版),张绍谦、孙战国译,中国政法大学出版社2005年版,第209页。

之间究竟是否存在因果关系,一直是世界上法律工作者和法学研究者不断追索和探究的重要法律问题。关于如何确定因果关系,德国在三大法域中都作出关于因果关系认定标准的明确法律规定。同时司法判例在每个法域中也确立了一些检验因果关系时应该遵守的基本原则,这些原则仅仅适用于自己所属的法域,而不能适用于其他法域。这种局面的形成不是因为不同的法庭对应不同的法域,而是因为不同的法律对应着不同的社会现实。因果关系的确立仅仅是法定的事实情况确定的第一步,最终案件的处理结果也会随着不同领域或者不同法域关注点的不同而不同。例如,在刑法领域和在民法与社会法领域,因果关系的概念就截然不同,相同的一个事件放在不同的法域,就会产生不同的处理结果,可见因果关系不能仅仅通过语言学进行解释,它更是一个法学上的概念。特别是在保险法领域,德国在漫长的司法实践中形成了极具特色的因果关系认定体系。首先,私人事故保险(按照中国人的语言习惯,称其为意外伤害保险)与传统民法相脱离。在德国民法领域占统治地位的因果关系认定标准是"相当因果关系说",作为从法哲学上来说本属于传统民法领域的私人保险却没有秉承"相当因果关系说",而是另辟蹊径地发展出了"比例因果关系说",这对于保守的德国人来说,当时绝对是一件堪称法学界里程碑的大事。其次,法定事故保险(按照中国人的语言习惯,称其为工伤保险)与私人事故保险的脱离。作为法哲学上社会法范畴的法定事故保险的因果关系认定标准与传统民法的因果关系认定标准相区别,大家一般不会感觉到意外,因为两者本来就不属于相同的法域。但是德国法定事故保险的因果关系认定标准竟然与私人事故保险的因果关系认定标准也完全不同,就有点使人感到意外了。因为,第一,私人事故保险和法定事故保险都属于保险领域,两者似乎理所当然应该适用相同的因果关系认定标准;第二,从因果关系认定标准上说,私人事故保险本就与传统民法发生了一次“基因突变”,法定事故保险虽然与传统民法和私人事故保险有所不同,但也不至于发生“二次突变”,但这种突变确实是在德国因果关系认定领域发生了。由此,在德国事故保险的因果关系认定领域形成了极具特色的“二元”体制,在私人事故保险领域采用“比例化”的因果关系认定标准,而在法定事故保险领域则采用“实质条件说”的因果关系认定标准。这种保险领域二元制的因果关系认定标准在德国的司法实践中取得了良好的法律效果,同时笔者认为,这种体制对中国来说,也是有可借鉴之处的。

第一章　因果关系概说

因果关系的问题是一个实用但又神秘的范畴。哲学家留基伯留下的唯一一则残篇就是“没有什么事情是随便发生的,每一件事都有理由,并且是遵循必然性的”。[①] 在哲学家中,休谟第一个认识到,“要给原因下一个完备的定义,必须呈现其与结果的联系,但他发现要做到这一点极为困难,关于这一联系的观念,当我们努力去构想它时,甚至连我们究竟想要知道它的什么内容,都没有一个哪怕是模糊的意识”。[②] 虽然这话有某种夸大的成分,但也可在一定程度上说明因果关系的复杂性。因果关系解决的问题是前后发生的事件之间的联系问题,有联系,即是有某种因果联系;没有联系,即是没有因果联系。如何判断这种联系的研究就构成了现在所有因果关

---

① 汪子嵩等:《希腊哲学史》(第1卷),人民出版社1997年版,第1006页。

② David Hume, *An Enquiry Concerning Human Understanding*, New York, Oxford University Press Inc., 1999, p. 146.

系学说的全貌。因果关系的彻底厘清有赖于两个概念的澄清,这两个概念就是:条件和原因。一般认为,条件是指"事物存在、发展的影响因素",而原因是指"造成某种结果或引起另一事情发生的条件"。从这两条解释可以看出,两者既有联系又有区别。联系就是:首先,两者都是作为时间上位于其后的事物之前的事物而存在;其次,两者都与其后的事物有一定的联系,而不是全无关系。两者的区别就在于:条件仅仅是某一事物存在和发展的影响因素,而不是引起事物发生的决定性因素,其存在会对事物有影响,但其不存在也不会引起事物的不存在。而原因则不一样,其存在与否直接关系到相关事物是否会存在。所以,两个表面看似乎内涵一致的概念,实际上确是两个完全不同的事物。但也必须承认在一些具体案件中,要从本质上区分条件和原因似乎还是有一定难度的,因为制约事物存在、发展的因素不仅有条件,还有原因,两者往往交织存在,很容易混淆。传统哲学上并没有原因和条件的区分,有的学者认为"所有原因都是相同的",这实际上是将原因和条件等同起来。对此,密尔曾经说过:"从哲学意义上来讲,我们根本无权对哲学条件中的一个条件赋予原因的名称,而把其他条件予以排除。"然而这种哲学思想却给法律上的因果关系认定带来了极大的麻烦,因为法律需要解决的最终问题是责任问题,需要具体落实到某个个体之上,如果凡是对损害结果的发生起到一定作用的因素都算原因,那么试问又该如何认定行为人的责任呢?行为人可不可以因为另一个客观因素对结果起到了作用而减轻责任呢?如果存在多个行为,他们之间又该如何划分责任呢?这一系列的问题都使哲学上的因果观是不可能无改造地适用到法学领域的。然而,这些法律人所面临的问题,似乎也没有引起传统哲学的注意力。大多数传统哲学家似乎还是认为,所有对某一结果的发生产生引起力的条件及因素均应被视为原因,并且每一条件对于结果之发生均具有同等的价值。实际上,在我国古代已有哲学家对条件和结果进行过最初的区分探索,墨经的附篇《经上说》有云:“故,小故有之不必然,无之必不然,体也,若有端。大故有之必无然,若见之成也。”[①]笔者认为,这里的“小故”就是条件,“大故”就是原因,其大体意思为:如有“小故”,不一定产生结果,如无之,则必定不会产生结果,此乃结果发生的条件;“大故”,有之则必定产生结果,无之则必定不产生结果,为结果的原因。可见,中国古代的哲学家对于条件和原因的关系已有很深的认识。

法律领域的“条件说”就是建立在这种传统哲学思想的基础之上,也因此遭到了法学家们“雁过拔毛”似的批评。该学说也遭到了我国学者的反对,他们认为,原因是必然会引起结果发生的因素,条件则并不会必然会引起结果的发生,因此,条件说将造成伤害的所有条件都视为损害发生的原因,混淆了原因和条件这两个概念,从而使因果关系变得非常复杂,造成“凡有牵连、必会得偿”的不公平现象产生。[②] 足见这一传统哲学的思维范式是很难适用到法学领域的。仅就民法上的侵权法而言,因果关系的确定就直接关系到责任成立与否、责任范围的确定等关键问题。若采用“条件说”就会出现明显的不公。例如,2015 年 6 月 18 日晚,四川李女士携外孙在广场散步时,因孙子淘气,误入正在跳舞的广场舞队伍,而与跳舞的大妈们发生争执,李女士因生气而诱发了一直就有的心脏病,当场猝死。后李女士家属将跳广场

---

① 高亨:《墨经校诠》,科学出版社 1958 年版,第 31 ~ 32 页。

② 赵园园:《相当因果关系说与条件说之比较》,载《法制博览》2015 年第 10 期。

舞的四位领舞者告上法庭,请求赔偿。本案中双方争议的焦点是广场舞大妈的谩骂行为与李女士的死亡后果之间是否存在因果关系。很明显在正常情况下,谩骂行为是不会导致李女士死亡的结果的,但是由于李女士的特殊体质,其患有的心脏病使谩骂行为引起了死亡结果,这种情况下如果要求行为人承担责任似乎违背常人的理解。但是若根据条件说,任何引起结果发生的因素都是案件的原因,那么谩骂行为人就必须承担相应责任,由此足见条件说的局限之处。一来需承受过宽的责任者范围;二来由于不限制以该结果为原因所诱发的连锁反应,责任人的责任范围可能远远超出当事人的预期与承受能力,进而严重削弱私法主体以自己意思参与社会经济活动的意愿,因而私法意义上的原因通常被限定为经个别评估后,认为对结果的发生具有相当作用的"适当条件"。① 有学者认为:"这种观点从逻辑的联系角度出发,把自然科学上的'无前者就无后者'的因果联系和思考方式全盘引进到刑法学中,把所有对结果产生有联系和影响的条件因素都看成是原因,而不问它们之间联系的紧疏、影响的大小和作用的主次,势必导致刑法因果关系范围的扩大,从而导致刑事责任的扩大。"②也有学者认为:"说到因果关系,首先是一个哲学概念,其次才是一个刑法学的概念。哲学意义上的因果关系给刑法意义上的因果关系首先提供了一个概念,更重要的是哲学意义上的因果关系的研究给刑法意义上的因果关系的研究提供了方法论的指导。如果对于刑法因果关系的研究仅仅停留在哲学上因果关系的移植,根本不可能解决刑法

---

① 江朝国:《保险法基础理论》,中国政法大学出版社 2002 年版,第 342 ~ 343 页。

② 杨兴培:《犯罪构成原论》,中国检察出版社 2004 年版,第 290 页。

中的问题。”①可见，哲学上的因果关系概念如果不加改造地引入法学领域势必带来水土不服的副作用。所以，对条件和原因的区分就成为法学上因果关系认定的一个主要的问题。我国有的老一辈的法学家曾经发出这样的困惑：“我们分析一个诉讼实践中的案例，可以更为明显地反映出原因条件说背离马克思主义哲学的缺憾。例如，教师某甲用左手打击不守纪律的学生某乙后腰部一拳。尽管这一拳的力量不大，未造成皮下瘀血，但由于某乙患有严重的慢性粒细胞性白血病，引起脾肿大，某甲的拳击造成某乙脾破裂两处，几天后骤死。依据马克思主义关于因果关系的基本原理，不难认定，在这个案例中，学生某乙患有严重的白血病是导致脾破裂乃至死亡的根据，而教师某甲的拳击行为只是条件。如果某甲以同样力量打击正常人的腰部并不会造成脾破裂的后果。同样，如果某乙没受到某甲的打击，脾也不会自行破裂。不言自明，正是由于内在根据与外部条件之间的相互作用，才造成某乙死亡的结果。然而，原因条件说分析此案的结论竟与上述观点大相径庭。他们认为，教师某甲的拳击行为是造成某乙脾破裂及死亡的原因，而某乙患有严重的白血病只是脾破裂的条件。一般情况下，某甲的拳击不致造成脾破裂，但在某乙患病的特定条件下，某甲的拳击对某乙的脾破裂及死亡起着决定性的作用。”②其实老先生的这种困惑正是哲学上的因果关系和法学上的因果关系区别所在。

应该说原因和条件是不可分离的，它们是相互作用、相辅相成的一对范畴，但条件和原因等值的观点确是一种错误的观点。哲

---

① 朱薛峰：《跨越哲学因果关系的刑法因果关系》，载《黑龙江省政法管理干部学院学报》2002 年第 3 期。

② 姜伟：《试析刑法因果关系的哲学基础》，载《中国人民大学学报》1989 年第 2 期。

学中条件是在某种作用下发生的,它与原因在空间和时间上相伴相生,从而产生结果。但从条件和原因对结果的作用相比较,其区别就一目了然,条件并不是结果产生的决定性原因,相对于结果而言只是起到一个从属的、辅助的作用,他们之间的联系不是直接的,本质的。"简单地说,条件只是为原因的发生提供了'土壤'、'气候'和'温床'。"[①]而相对于条件来说,原因是与结果的发生具有直接的、本质的联系,对结果的发生起到主要的作用。针对条件和原因的研究,除了哲学研究上的发展外,它们也在法学领域发展起来,法学阐述了原因与条件的关系,并提出了条件与引起结果发生的原因是相对的观点,成为条件的原因是相对于结果而言一些不重要的条件,引起结果发生的原因是一些相对于结果而言至关重要的条件。[②]

虽然在有些案件中条件与原因相互交错,判断哪个是原因,哪个是条件确实存在一定困难,但只要分析方法得当,对两者进行区分也不是不能完成的任务,为了完成这一任务,许多法学家在传统哲学因果观的基础上深入研究因果关系在法学领域的实现与认定,并取得了丰硕的成果,相当因果关系说、近因说、客观归责理论和比例因果关系说也应运而生。应该说现在法学领域对因果关系的研究虽然还存在薄弱环节,但整体上已形成规模,体系比较完整,成果相对丰硕。

通过以上的分析可以看出哲学与法学上条件与原因的区别。在哲学上认为从结果意义上说,原因和条件是一样的,而在法学上认为对于结果来说,原因是最具法律意义的。法律并不是

① 吴建国:《唯物辩证法对偶范畴论》,江苏人民出版社 1986 年版,第 51 ~52 页。
② 参见陈兴良:《刑法因果关系研究》,载《现代法学》1999 年第 5 期。

追究所有在客观上造成了损害结果出现的行为或者事件,而更关心对损害结果的补偿性和规则的可操作性。例如,古罗马的《阿奎利亚法》对"私犯"的因果关系也有明确规定。该法在"私犯"的因果关系上明确规定了两点:"第一,损害必须是由加害人的行为直接造成的,如奴隶或家畜必须由加害人直接打死,如果加害人追逐或惊吓等,使之失足跌落山下摔死,或者坠入水中溺死,损害虽然发生,但并不是加害人的行为直接造成的,则不能适用《阿奎利亚法》。第二,必须有损害各物本身的侵害行为。所有人蒙受损害,以其奴隶、家畜之死伤或其他有体物之毁损为必要要件。如把家畜放跑,或者造成机会使奴隶逃跑,并没有损害奴隶、家畜及其他有体物本身,不能适用《阿奎利亚法》。只有直接杀死或伤害奴隶、家畜,损毁其他有体物,而使所有人蒙受了损失等,才能适用该法索取赔偿。"①可以看出,在罗马法中,探求一个结果出现的法律原因的标准仅限于"近因",而非依据哲学对原因的抽象定义。这意味着与纯哲学意义上的因果观相比,法律中因果关系的概念被简化,范围被缩小。这既反映了当时人类朴素的法律因果观,也有利于司法的可操作性。② 有的学者认为,通过上述对哲学上因果关系和法律上的因果关系种种观点的列举和分析,我们可以清楚地察觉二者在以下几个方面存在明显差异:目的不同;③研究重点

① 李光灿等:《刑法因果关系论》,北京大学出版社1986年版,第297~298页。

② 参见涂帅:《刑法学因果关系与哲学因果关系之辨析》,载《法制与社会》2011年第3期。

③ 无论是经验论者还是辩证主义因果观的持有者,都是在最抽象、最普遍的意义上研究和分析因果关系,之所以这么做,是因为他们都试图通过研究因果关系的存在与否,发掘因果关系的普遍原理,并构建相应理论,以此为其他具体学科的研究提供指导。而法律人基本上并不关心如何发现法则和通则,他们经常做的,是将已被知晓或接受的通则应用于特定的案件。参见涂帅:《刑法学因果关系与哲学因果关系之辨析》,载《法制与社会》2011年第3期。

不同;[①]思路方法不同;[②]实质含义不同。[③] 笔者认为,除了以上四种不同之外,哲学上的因果关系和法律上的因果关系的最大区别就在于,哲学是对整个客观世界进行因果关系的分析,法学上主要着眼于和人相关的因果关系。例如,日夜交替、潮涨潮落的因果关系是哲学上所关注的,却不是法学上所研究的问题,法学上只关注和行为人相关的因果关系问题。另外,法学工作者研究因果关系的问题主要目的是确定相关的责任,这是法学研究的终极目标,而哲学家在研究因果关系问题时往往不把责任作为首要问题,其根本目的是探究事物的本质规律,从而指导实践问题。

综上所述,因果关系在不同语境中,含义也不尽相同。哲学倾向于探索两种以上现象之间的合乎逻辑的本原联系,并试图给出

---

① 各学派对哲学因果关系的研究,重点均在研究原因和结果之间的"关系",包括二者联系的存在方式——主观抑或客观以及二者的内在关系(原因发展成为结果的力量或动力)。而法律人对因果关系问题的研究重心,都不约而同地指向对原因的寻找。参见涂帅:《刑法学因果关系与哲学因果关系之辨析》,载《法制与社会》2011年第3期。

② 哲学家试图从个别事件或现象中寻找所有因果关系所共有的规律性,其研究思路是从特殊到一般。而法律人的思路正好相反,他们要在社会生活的具体案件中运用已知的或其确信的因果规律,以得到法律意义上制造结果的原因,其探求原因的进路与哲学之方法完全不同。参见涂帅:《刑法学因果关系与哲学因果关系之辨析》,载《法制与社会》2011年第3期。

③ 刑法因果关系中的结果具有特殊性,其并非纯哲学意义上的结果。刑法作为刑罚法,其重要内容之一就是要惩罚造成严重危险或危害结果的具有严重社会危害性的行为。因此,刑法因果关系中的结果一定是偏离社会事物的正常发展轨道的异常事件,在刑法中,就是具有严重社会危害性的事实或状态。而一般的结果、正常的结果、对社会有利的结果都不会作为刑法因果关系的结果加以研究。刑法因果关系所探讨的原因也非哲学因果关系中的原因。例如,在大多数火灾案件中,法律人都不会说氧气的存在是起火的原因,尽管缺少氧气就不会起火。他们总是会把原因归于电线短路、被丢弃的燃烧的烟头等。问题是,为什么面对法律问题会做出这样的选择区分,如果这些选择不是随意的,又是什么样的原则在指导法律人的思想呢?参见涂帅:《刑法学因果关系与哲学因果关系之辨析》,载《法制与社会》2011年第3期。

一个可以"放之四海而皆准"的标准规则。经济学试图通过建造模型等数学的方法分析现有的各个因素,从而合乎公式地推导出未来的结果。也就是说经济学在研究因果关系时更关注于未来的结果。而法学家们研究因果关系问题的主要目的是在众多引起某项结果的因素之中找到那个最具有法律意义,最应该以此确定法律责任的因素。

第一节　哲学上的因果关系

在哲学领域很多哲学家都对因果关系问题有过一定的论述,马克思、黑格尔、康德、休谟、密尔等都对因果关系问题有过深入的阐述。有的学者认为:"刑法因果关系具有浓厚的哲学色彩,在理论上最为复杂;作为犯罪构成的基本条件,在实践中极为重要,是一个处在漩涡中的问题,被西方刑法学家称为永恒议题。"①足见法律上的因果关系往往与哲学上的因果关系有着千丝万缕的联系,那么我们就首先介绍一下哲学上的因果关系。列宁认为:"因果关系运动,实际是在不同的广度或深度上被把握住内部联系的物质运动及其历史运动……结果并不包含……原因中没有包含的东西……反过来也是一样。"②有的学者从马克思主义哲学的角度出发认为:"因果关系是包括时间先后次序在内的由一种现象必然引起另一种现象的本质的内在的联系。"③

---

① 姜伟:《析刑法因果关系的哲学基础》,载《中国人民大学学报》1989 年第 2 期。

② [苏联]列宁:《黑格尔〈逻辑学〉一书摘要》,人民出版社 1965 年版,第 121 页。

③ 艾思奇主编:《辩证唯物主义历史唯物主义》,人民出版社 1978 年版,第 140 页。

综上可以看出,在哲学上来看,因果关系是客观世界发展过程中特定事物之间的某种联系,这种联系是某些事物间具有超越普遍联系的特征,其具有引起和被引起的直接关系。当然这种直接关系并不是法学上所探讨的直接因果关系,这种直接引起关系强调从特定事物发生的角度起到对结果的发生的现实促进作用,只要是对结果的发生起到了现实促进作用,而不是抽象的促进作用的条件,都是哲学上的原因,所以其范围要大于法律上的直接因果关系。法律上的直接因果关系中的直接原因是指对于结果的发生起到决定作用的原因,而不是所有对结果的发生起到引起作用的原因。正如恩格斯所说:"原因和结果这两个概念,只有在应用于个别场合时才具有其本身的意义。"①笔者认为,因果关系具有以下几个基本特征:

第一,客观性。所谓因果关系的客观性是指,因果关系是不以人的意志为转移的客观现象,虽然在某些领域,如在法律领域人们可以对因果关系进行取舍,但是其存在是事物的本质所决定的,而不是为人类的意志所决定的,人类所能做的就是对其进行分析、研究和利用。

第二,普遍性和具体性。所谓因果关系的普遍性是指在客观世界中,因果关系普遍存在,它是世界动态发展的重要一环。所谓因果关系的具体性是指,因果关系虽然存在于各个领域,但是在不同领域,无论是自然界还是在人类社会,因果关系都体现出所在领域的一些基本属性,具有"领域特色"。诚如有些学者所言:"为了了解单个的现象,我们必须把它们从普遍的联系中抽出来,孤立地考察它们,而且在这里,不断更迭的运动就显现出来,一个为原因,

---

① [德]恩格斯:《反杜林论》,人民出版社 1956 年版,第 298 页。

一个为结果。”①

第三，顺序性。所谓因果关系的顺序性，是指在因果关系中，原因和结果是按照一定顺序排列的，其中原因在时间上一定是在前的，结果一定是在后的，绝对不存在相反的排列。另外，在时间和空间上原因与结果一定是相互接近的，如果原因和结果相隔过远，一般很难认定为存在因果关系。同时，原因与结果之间要存在一个交汇点，两者一定是在时间上和空间上的某个点进行交汇，否则两者就不是原因和结果的关系。

第四，复杂性。所谓因果关系的复杂性，是指因果关系的发生往往存在多种变形态，不单单是“一因一果”那么简单，有时会存在“多因一果”和“多因多果”的情况，有时还会有一些貌似原因的介入因素，这就使因果关系的认定存在一定的难度。需要抽丝剥茧，层层深入，找到引起结果发生的原因。

在人类社会中，最早对于因果关系问题进行系统性研究的应该是古希腊和古罗马的哲学家，虽然中国古代也有涉及因果关系问题的相关论述，但是这些大多是中国思想家对于其他问题进行论述过程中的一种无心插柳式的解释。古希腊和古罗马的哲学家对于世界本源这一根本问题的探讨实际上就是因果关系的问题，因为本原就是一切产生的原因，笔者认为正是这种带有某种宿命性的研究使西方的哲学家具有了探讨因果关系问题的原始动力，也为因果关系问题在西方研究的繁荣奠定了坚实的思想基础。

唯物主义因果思想的代表人物德谟克利特继承和发展了留基伯的唯物主义因果思想。他非常重视事物的因果性解释，他把寻

① 尹田主编：《中国保险市场的法律调控》，社会科学文献出版社 2000 年版，第 131 页。

找事物的原因、对事物作因果性解释看作是最崇高的事情，“他觉得只找到一个原因的解释，也比成为波斯人的王还好”。[①] 在不懈的努力之下，他终于提出了世界的本原是原子和虚空的理论。德谟克利特引入“必然性”范畴，说明原子运动和自然万物的生灭变化都有规律性。他所说的“必然性”，从狭义上说，是指原子在虚空中运动生成宇宙万物的法则，特别是原子漩涡运动法则；从广义上说，是指一切事物都有因果关系，探求因果关系是科学研究的目标。因此，他的一系列自然科学著作，都题名为关于某类自然现象的“原因”。[②] 这一理论虽然当时还缺乏实证的支撑，但却是一个天才的假说，为后世因果关系的研究指明了道路，这条道路就是“唯物主义的因果观”，可以说只有在唯物主义的指导下因果关系问题才能得到正确的研究路径。罗素认为：“原子论者的理论比古代所曾提出过的任何其他理论，都更接近于近代科学理论。”[③]马克思和恩格斯曾赞扬德谟克利特是“经验的自然科学家和希腊人中第一个百科全书式的学者”。[④] 笔者认为，在自然科学还不发达的时代，能够在客观世界寻找事物之间的因果联系实属难得。

唯心主义的哲学家以主观意识为出发点对于事物之间因果关系进行了分析，其中比较有代表性的是柏拉图的思想。柏拉图的思想继承和发展了其老师苏格拉底的哲学观点，也就是“神学目的论”。柏拉图认为，世界上一切事物起源于人的理念，一个事物之所以存在，只是因为人们对于某种事物有了理念。从这个意义上

---

① ［德］康德：《纯粹理性批判》，蓝公武译，商务印书馆 1960 年版，第 85 页。

② 参见卞敏：《德谟克利特的原子论与认识论探析》，载《学术界》1994 年第 6 期。

③ ［英］罗素：《西方哲学史》（上卷），何兆武、李约瑟译，商务印书馆 1976 年版，第 99 页。

④ 《马克思恩格斯全集》（第 3 卷），人民出版社 1965 年版，第 146 页。

说,理念是世界上一切事物的原因。柏拉图在认定理念是一切事物的原因的同时,进而认为,不同的事物因为其自身的属性而追求的理念也是不同的。可见柏拉图的因果观中包含着辩证的思维,承认事物的不同属性所带来的多样性。但同时柏拉图仍然坚持着唯心主义的思维,因为他进而认为,在众多事物所追求的理念当中,善是最高的理念,而善的代表就是上帝,这明显就是唯心主义的因果观。随着柏拉图唯心主义的因果观的产生和成熟,在古希腊的哲学中形成了唯物主义因果观和唯心主义因果观并行的局面。柏拉图也因此成为欧洲哲学史上唯心主义因果观最重要的奠基人。

作为柏拉图的学生,古希腊最伟大的思想家亚里士多德立足于唯心主义的因果观,向唯物主义的因果观迈出了一大步,他创造性地提出了"四因说",使因果关系问题的研究走向系统化和规范化。可以说亚里士多德是站在了巨人的肩膀上,以德谟克利特为代表的唯物主义因果思想和以柏拉图为代表的唯心主义因果思想为亚里士多德的"四因说"的产生提供了充足的养分。亚里士多德站在唯物主义的角度对其老师柏拉图的以理念作为一切事物原因的观点进行了批判,他认为"哲学家应是寻求感性事物的原因的"。① 也就是说,亚里士多德认为,任何作为原因的事物都是可以由人类感知的,理念作为恒定的、不能引起任何变化的、不能被人们感知的东西是不能成为事物的原因的。在亚里士多德的眼中,世界处于运动和变化之中,在这种运动和变化中只有那些可以被人们感知,并引起一定变化的事物才是引起结果发生的原因。

---

① [德]康德:《任何一种能够作为科学的未来形而上学导论》,庞景仁译,商务印书馆1978年版,第78页。

可以看出,亚里士多德对原因的解释已经一只脚踏出了唯心主义的樊篱,走向了唯物主义的怀抱。但是遗憾的是,他没有把唯物主义观点坚持到底,在他提出的"四因说"中,"形式因"表明他仍然没有从唯心主义中全身而退。当然这也并非不可理解,因为亚里士多德的思想毕竟是脱胎于他的老师柏拉图的唯心主义因果观。

亚里士多德"四因说"的提出,使哲学上的因果观研究又向前迈出了一大步。亚里士多德认为,任何事物的产生和存在都不过出自四个原因:"质料因""形式因""动力因""目的因"。在这四种原因中,后三者"常常合而为一","因为那个'是什么'和'所追求的东西'是同一个东西,而运动的来源与这些东西也是同类的……并且,一般说来,凡是由于本身推动而引起运动的东西,也都是这样"。[①] 由此可见,任何具体事物与整个世界就是质料与形式的统一体。

亚里士多德的"四因说"是总结以前各派哲学家的因果思想的产物,但是唯物主义和唯心主义两种对立的因果思想是不能无矛盾地共处于同一个思想体系的。很明显,亚里士多德强调"质料因"时,他同唯物主义者站在一起,他认为,世界是由宏观存在的具体事物——"第一实体"构成了具体事物的基质,并处在永恒的运动变化中,自然是"运动和变化的本质";[②]而当他强调"形式因"时,他又是唯心的,他又同他的老师柏拉图站在了一起。因为他认为,任何"质料"都以追求一定的形式为目的,在形形色色的形式中有一个最高的形式就是"纯粹形式",即"上帝"。可见亚里士多德还是将上帝作为了最终的原因,将唯心主义当作了原因最后的

---

① [英]休谟:《自然宗教对话录》,陈修斋等译,人民出版社1962年版,第107页。
② [英]休谟:《人类理解研究》,关文运译,商务印书馆1972年版,第236页。

落脚点。应该说亚里士多德是以唯心主义为起点绕了一圈又回到了起点,最终他没有走出柏拉图式的唯心主义因果圈。诚如有的学者所言:亚里士多德相信超验神的存在。他通过复杂的演绎推理,而得出宇宙的第一动因或不动的动者是理性神(nous)的结论,他认为天体运动是由神性力量推动的观点也是通过演绎推理而设立的一个大胆的超验假设。[①] 进而笔者认为,亚里士多德所说的"动力因"和"目的因"更像是我们现代人所强调的实施某种行为的动机和目的。

但也必须说,亚里士多德"四因说"因果观唯心主义的归宿也不能抹杀其唯物主义的进步。此外,他的因果观中还包含许多合理的思想,例如,他指出了因果关系的复杂性、因果关系的多样性,区别了根本原因和非根本原因、主要原因和非主要原因、一因一果和多因一果、直接原因和不太直接的原因。这些都为因果关系朝着正确的道路行进提出了有益坐标,也为法学因果关系的发展提供了重要的思想养分。

从客观和历史的角度来分析,亚里士多德的因果思想,在世界因果关系研究领域占有重要的一席之地,对整个欧洲哲学发展起到了强劲推动作用,它是古希腊哲学对因果范畴的研究所取得的最高成就,对后世因果关系的产生和发展产生了重大影响。

此后,英国经院哲学家奥卡姆对柏拉图和亚里士多德的因果关系观进行了批判地继承,他一方面承认了亚里士多德"质料因"的说法,同时又否认柏拉图理念论,也就是实际上否认了亚里士多德"形式因"的说法。他进而强调通过感官经验来分析不同事物

① 参见王庆新:《超验信仰与科学的兴起和危机——柏拉图主义和亚里士多德主义之争的哲学意义》,载《西南民族大学学报》(人文社会科学版)2019 年第 3 期。

之间的千丝万缕的联系和复杂的逻辑关系。但他同时又认为,具体事物之间的联系、变化和逻辑关系最终取决于上帝的意愿,这就是历史上著名的"唯名论"的观点。可以看到,总的来说除了相信上帝的存在之外,奥卡姆的因果观还是唯物的,尤其是他强调感官经验在因果关系认定上的作用,这是在因果关系认定研究中具有重要意义的观点。奥卡姆的"唯名论"对科学研究的意义很重大,它将人类研究自然的方向重新引导到自然界中可感知的事物,也就是回到经验层面,从而促进了经验科学的快速发展。①

进入中世纪,宗教和神学占据了哲学家的头脑,哲学家们不愿意去探讨万事万物之间的因果联系,而更热衷于研究"天命观"。唯心主义的哲学再次走上了其发展的巅峰。因此从唯物主义的角度来看,这一时期哲学领域的因果关系研究是倒退的。

到了文艺复兴时期,人性摆脱了神性的束缚得到了彻底的解放,大批的哲学家、科学家和文学家如雨后春笋般地涌现,人们开始对自然科学和社会科学表现出浓厚的兴趣。这一时期的哲学家们开始对传统的哲学观点进行系统的分析和现实的批判,在因果关系方面,哲学家们开始对亚里士多德的"四因说"提出了质疑。他们认为亚里士多德的"四因说"将原因分为"质料因""形式因""动机因""目的因"是不科学的,任何原因都是以"质料"为基础的,是不存在"形式因""动机因""目的因"的。这一时期的唯物主义因果观是建立在当时日渐兴起的自然科学的基础上,摆脱了某种猜测的性质的思考和简单质朴的分析,因而具有一定的科学性。从这种意义上说,它比过去的唯物主义因果观前进了一步,但是由

---

① See Gregory W. Dawes, "Ancient and Medieval Empiricism", Stanford Encyclopedia of Philosophy, https://plato. stanford. edu / en-tries / empiricism-ancient-medieval /.

于当时自然科学发展的局限性，这个时期的因果思想仍然没有完全摆脱直观性和猜测性的特点。但是诚如法国著名数学家、物理学家拉普拉斯所言，宇宙目前的状态是先前状态的结果，又是以后状态的原因。万能的智者能够在某一瞬间理解使自然界生机盎然的全部自然力，而且能够理解构成自然存在的各自状态，如果这个智者广大无边到足以将这些资料加以分析，就会把宇宙中最巨大的天体运动和最轻的原子运动都包含在一个公式中。对于这个智者而言，没有任何事物是不确定的，未来如同过去一样在他眼中一览无余。① 可见人类已经在因果关系的研究中取得了长足的进步，并最终会将因果关系的问题研究精深，并为人类所用。

此后，哲学界迎来了因果关系研究领域最具争议的哲学家休谟，他对于因果关系发出了连珠炮似的质疑，这些质疑被人们称为"休谟问题"，在当时的哲学界引起了轰动。所谓"休谟问题"就是休谟对于此前哲学家奉为金科玉律的"事物之间普遍存在联系"的观点进行驳斥，又对当时已"深入人心"的"必然性"概念进行否定。可见休谟对于因果关系的态度是一种怀疑主义的态度。在他看来根本没有所谓的普遍联系，也没有所谓的必然性。一切知识的来源只能是每个人的"现实经验"。只有通过这种经验，我们才能认识到事物发展的规律，从而找出特定事物之间的因果联系。

休谟的这种怀疑因果观遭到了康德的严厉批评。康德在其著作《纯粹理性批判》中提到："经验永远也不会给自己的判断以真正的或严格的普遍性，而只是（通过归纳）给它们以假定的，相比较的普遍性，以至于实际上我们只能说：就我们迄今所察觉到的而

---

① 参见［法］拉普拉斯：《宇宙体系论》，李珩译，上海译文出版社 2001 年版，第 78 页。转引自徐传胜：《从博弈问题到方法论学科：概率论发展史研究》，科学出版社 2010 年版，第 84 页。

言,还没有发现这个或那个规则有什么例外。”①同时他还认为:“因为这个概念绝对要求某物A具有这种性质,即有另一物B从它里面必然的并按照一条绝对普遍的规则产生出来。现象完全可以提供一些场合,从中可以得出某物恒常地发生所依据的规则,但其后果永远也不会是必然的;所以在原因和结果的综合身上还附加有一种尊严,是根本不能用经验性的东西来表示的,也就是说,结果应该不只是附加在原因上的,而是通过原因建立起来、并从中产生出来的。”②可见康德针对休谟的观点针锋相对地提出了反对意见,他认为事物之间的普遍联系及特定现象之间的必然联系是存在的,通过经验人们看到的只是事物之间通常情况下的联系,但是这种联系不是必然的联系,也不是事物之间真正的因果关系。

笔者认为,康德对于休谟的批评是非常正确的。休谟的观点实际上已经陷入彻底的唯心主义的观点,否定事物之间的普遍联系和事物之间的必然联系也就是否定了自然规律、逻辑规律,也就是彻底否认了科学的存在。在休谟的眼中,甚至太阳在东方升起这样的客观规律,都不是恒常存在的。所以休谟的因果观是对科学的否定,是不可取的因果观。

哲学上的因果关系发展到这个阶段时,其对法学意义上的因果关系的影响是简单的,也是朴素的,两者处于一种混沌和焦灼的状态。这时法学上的因果关系说基本上是直接将哲学上因果关系的概念引入法学领域,最为典型的就是“必然因果关系说”。这种局面随着康德去世两年后一位天才哲学家的诞生发生了根本的改变。1806年,英国著名哲学大师约翰·斯图尔特·密尔(国内也

① [德]康德:《纯粹理性批判》,邓晓芒译,人民出版社2004年版,第5页。
② [德]康德:《纯粹理性批判》,邓晓芒译,人民出版社2004年版,第125页。

有人翻译为约翰·斯图尔特·穆勒)出生,在经过学习和积累之后,密尔提出了对法学意义上的因果关系成型具有深远影响的因果观。密尔没有在“因果关系”的概念上故步自封,他创造性地给出了“不会改变的先前事实”的概念,并且这种“不会改变的先前事实”通常都有多个。而人们往往将多个事实当中的起到主要作用的一个事实视为“原因”。这样起主要作用被人们视为“原因”的条件,仅仅是指那些最终化为“存在”,融入结果的条件。① 这种由人们在众多条件中选出一个条件,并将其命名为“原因”的方式,虽然不一定是最科学的方法,但是在“条件”和“原因”区分的科学依据缺席的情况下,这也不失为一种“权宜之举”。② 密尔进一步总结说:“从哲学意义上说,‘原因’是各种‘条件’的总和,这些‘条件’被积极地或消极地混合在一起,组成了可能发生某种事件的‘整体’,这个‘整体’不可避免地发展成为‘结果’。”③密尔教授的观点受到了许多法学家的关注。④ 人们似乎在提及密尔的“因果关系”概念时,总是认为是哲学意义上的“因果关系”概念。⑤然而现在密尔的“因果关系”的概念几乎被众多法学家作为法学上的“因果关系”概念而提及。⑥

---

① 2. Bd, S. 17 zitiert aus der durch Mill genehmigten und unter seiner Mitwirkung entstandenen Übersetzung von Gomperz.

② 2. Bd, S. 19 zitiert aus der durch Mill genehmigten und unter seiner Mitwirkung entstandenen Übersetzung von Gomperz.

③ 2. Bd, S. 21 zitiert aus der durch Mill genehmigten und unter seiner Mitwirkung entstandenen Übersetzung von Gomperz.

④ Tarnowski, Die systematische Bedeutung der adäquaten Kausalitätstheorie für den Aufbau des Verbrechensbegriffs, S. 35.

⑤ Engisch, Die Kausalität als Merkmal der strafrechtlichen Tätbestande, S. 32; Ferner Spendel, Die Kausalitätsformel der Bedingungstheorie für die Handlungsdelikte, S. 12; Liszt-Schmid. Taschen Lehrbuch des Deutschen Strafrechts, S. 167.

⑥ Nicolai Hartmann, Philosophie der Natur, 1980, S. 318 ff.

笔者认为,密尔的观点虽然不能说是法学意义上的因果关系,但其却是法学意义因果关系最终形成自有体系的重要一环,起到了哲学意义因果关系向法学意义因果关系过渡的桥梁作用。他的学说起到承上(哲学意义因果关系)启下(法学意义因果关系)的作用。作为法学因果关系先导的“条件说”明显地受到了他的观点的影响。

综上所述,哲学上的因果关系从具体的事物出发,去探讨因果关系的产生与逻辑,无论是唯心主义的因果观还是唯物主义的因果观,都对因果关系研究的演化作出了自己的贡献,虽然唯心主义的因果观少了科学的支撑、具有神秘的色彩,但其将因果关系作为一个重要问题进行系统的研究本身就是对找出因果关系本质特征的重要贡献。同时早期的哲学上的因果关系研究上的繁荣也为法学上因果关系研究的产生和发展提供了重要的思想基础。早期对于因果关系进行深入研究的哲学家远不止以上所列的哲学家,限于本书篇幅、主题和作者的学识只能“点到为止”,难免有沧海遗珠,愧漏先贤。

第二节　法律上的因果关系

法律上的因果关系是指法学领域对于具有法律意义的行为和结果之间的引起和被引起关系。虽然因果关系的研究起源于哲学,但是在法学领域上这一问题的研究却与哲学领域的研究有着不同的特点。哲学家对于因果关系研究的落脚点往往是探寻因果关系的本质,进而给出一个放之四海而皆准的标准;而法学家对于因果关系的研究的落脚点是具体案件中的责任归属问题,虽然其也会给出一定的标准,但目的仍然是确定行为人的责任,无论是在刑法、民法、保险法还是社会法中,行为人的责任问题永远是最重要的问题。只有确定了某一行为与损害结果之间的因果关系,进而确定了具体案件中责任的分担,法律上因果关系才有意义。

在哲学领域中,哲学家为了揭秘客观世界的原因,往往会尽量考虑所有的可能条件,而不能只研究其中的某一个或某几个条件,否则得出的结论就可能会是片面乃至不客观的,不能揭示不同事物之间的因果关系。与此不同,法律上的因果关系的目的却是在不同类型和不同性质的案件中,从所有的可能的条件中,找出其中的一个最具有法律意义的条件作为引起结果发生的原因。例如,某人枪击他人致其死亡,从医学上来说,被害人是因为枪击造成了血液细胞缺氧,从而造成死亡的结果,但法律上只会认定枪击是造成被害人死亡的原因,不会将血液细胞缺氧作为法律上的原因。但是哲学家却不得不对包括血液细胞缺氧的所有相关的客观条件进行分析。不但如此,有时法律上的因果关系研究点是非常特定的,在刑法上对于因果关系的研究就仅仅限于消极的原因,对于积极的因素是不考虑在内的。例如,对于销售假药罪,只研究销售假药的行为,至于罪犯在销售假药过程中是否实施了的有利于避免销售假药带来的危害结果的某些行为,刑法上是不考虑的,或者只能作为酌定的从轻情节考虑。在民法上,因果关系的研究只对引起损害结果发生的消极行为进行研究,所有有利于避免损害结果发生的因素,也不作为民法上的因果关系进行研究。

可见,哲学上的因果关系和法律上的因果关系是有所不同的。但是我们也必须认识到,法学作为社会科学的一个门类,其与哲学是有着某些共同的特征的,法学上的因果关系也具备了哲学上因果关系的某些共性。因此在研究法学上的因果关系时,应该避免两种错误倾向:一种是照搬哲学中的因果关系认定标准,而不去仔细研究分析因果关系在法律中的具体运用;另一种是过分强调法律中因果关系的“优越性”,进而否定哲学中因果关系理论的科学性。这两种倾向对于法律上的因果关系的研究都是不利的。诚如有的学者所言,哲学上的因果关系与刑法因果关系,是一般与个别、普遍与特殊的关系。一般与个别,矛盾的普遍性和特殊性,既互相区别又互相联系,构成对立统一的关系。[①] 哲学上的因果关系对于法律上的因果关系有指导作用,这是毋庸置疑的。但这并不意味着可以把哲学上的因果关系理论或者因果关系认定相关概念直接适用到刑法当中来。刑法学界一直以来争论的刑法因果关系“必然说”和“偶然说”就是一个例子。众所周知,在哲学领域存在必然性和偶然性之说。必然性一般是指事物联系和发展中一定要发生的、不可避免的趋势;偶然性一般是指事物联系和发展中不确定的趋向。其着眼点是事物和事物之间在产生和发展中的引起和被引起的关系,而并不是解决事物和事物之间是否有承担法律责任上的引起和被引起的问题。所以将这两个概念引入法律上的因果关系研究,进而确定具体案件中行为与损害结果的关系犯了一种逻辑上的错误。例如,某司机驾车正常行驶,某行人违规横穿马路,司机躲闪不及,撞上行人,行人因此受伤,腿部骨折。从哲学的角度,造成行人骨折的原因就是司机撞人的行为,行人横穿马路是不会被考虑的,因为作为一个人他必然自由地行为,这种已经客观存在的行为是不作为因果关系的分析的。但是从民法的角度来看,行人横穿马路是具有重要法律意义的,可能会影响责任承担的问题。可见哲学上的因果关系和法律上的因果研究是不同层面的

---

① 参见贾振香:《刑法必然因果与偶然因果关系的哲学理念》,载《中州学刊》2002 年第 4 期。

两个问题,将哲学的概念引入法学领域,进行因果关系的判断,虽然可能在有些案件中会出现重合现象,从而得出了合法的结果,但这只是一种偶然的现象,或者说只是一种巧合而已。下面让我们通过法律上的因果关系的发展历史来进一步了解其内涵。

早在古罗马时期,罗马法就对因果关系作出了规定:"In jure non remota causa, sed proxima, spectator."其含义就是:"确定法律责任的原因,只能是近因。"但此时对于因果关系的研究还没有体系化的研究和深入的阐明。所以,虽然因果关系的研究始于古罗马时代,但法学领域重要的因果关系认定理论基本上都产生于20世纪之后。20世纪之前,对于法律上因果关系的发展影响最大的学说是概念法学或者分析法学派的学说。其中1596年英国著名学者弗朗西斯·培根出版了法律巨著《法律箴言》,该书对法律上因果关系作出了具有深远影响的剖析。培根认为法律上原因只限定于直接原因,那些离结果的发生较为久远的原因不是法律上应该研究的问题。此后随着工业时代的到来,法律案件与日俱增,与之相对应的因果关系问题,也越来越引起法律学者的极大关注。在这一时期,在概念法学影响下产生了不计其数的法律因果关系学说,其中具有重要影响的是"必要条件理论""可能的(或自然的)结果理论""实质因素理论""直接结果和表面安全理论""必然原因论""条件说""相当因果关系理论"等因果关系认定学说。在20世纪之后,又产生了具有重要影响的"法目的说",以及对于保险领域因果关系认定标准产生重要影响的"比例因果关系说"。限于本书篇幅,本章仅介绍在法律领域举足轻重,并且仍在被世界上许多国家采用,尤其是被中国和德国两国采用的因果关系认定标准。

一、必然原因理论

在19世纪初期,大陆法系学者普遍主张法律上的原因就是指"必然的"原因。其含义是假定存在这个所称的原因,由于这个原因的内在性质所决定,就会必然跟随发生所称的这个结果。① 不难看出这一时期法律上的因果关系理论还没有完全摆脱来自哲学的因果关系理论的影响。根据这一理论,只有能够导致结果合乎逻辑地高概率地发生因素,才是引起某一结果发生的原因。例如,一个致命的持刀伤害就被认为是导致被害人死亡的必然原因。而那些不符合事物内在规律,不能按照发展自然规律产生结果的原因就会被视为偶然原因。偶然原因在因果关系的认定过程中不能被认定为引起结果发生的需要承担相应法律责任的原因。必然因果关系说,站在唯物主义的立场,从事物的本质出发,去研究原因和结果之间的关系,这相对于唯心主义的因果关系认定理论本身就是重大的进步。但是该学说似乎仍然受着哲学的束缚,没有完全站在法学的立场上去看待因果关系认定的问题。其提出的"必然原因"和"偶然原因"的划分本身就具有明显的哲学"味道"。但是法律上的问题有时是很难运用哲学的思维加以解决的。因为哲学的最终目的是发现"客观真实",而在法律上却只能在"法律真实"的层面去探讨问题,不是法律上不想追求客观真实,只是运用现有的证据证明已经发生的事件,必然不能做到"十全十美"。鉴于此,在法律的层面去分析因果关系问题,一定是与从哲学视角探讨这一问题完全不同的。

---

① 参见[英]H. L. A. 哈特、[美]托尼·奥诺尔:《法律中的因果关系》(第2版),张绍谦、孙战国译,中国政法大学出版社2005年版,第396页。

由于必然原因理论从哲学视角出发,分析因果关系认定的问题,所以对因果关系的证明问题提出了非常苛刻的要求。按照这种要求证明"客观真实"的理论,由于人类认识能力的局限,原告通常难以证明被告行为和损害结果之间的必然联系,这也使许多原告的权利得不到应有的保护。因此,该理论也遭到了许多学者的批评。德国学者 Stübel 认为人类经验并没有提供"必然的"原因的任何例子,而且为了确认因果关系,法律也不要求所考虑的那个行为应该是"在当时的环境下所必要的,或者甚至是充分的,支配性的或者必不可少的"。在 Stübel 看来,"必然的"和"偶然的"或者"意外的"之间的差别在法律上根本就不存在。① 必然原因理论在传统大陆法系学说史上并无特别重要的地位,但是,该理论后经苏联法学家重新发掘,并赋予其马克思主义法学的新内涵,从而一度在中国等社会主义国家的学说上占据有力地位。②

受苏联刑法理论的影响,我国刑法领域引入了"必然因果关系理论",且关于刑法上因果关系必然性与偶然性的讨论一度成为我国刑法因果关系理论中的一个热点问题,在相当长的时间里受到了大多数刑法学者的关注。在这种漫长的讨论中,逐渐形成了"必然因果关系说"和"偶然因果关系说"。必然因果关系说认为当危害行为合乎规律地产生危害结果时,危害行为与危害结果之间就存在必然因果关系,只有这种必然因果关系才是刑法上可以归责的因果关系。偶然因果关系说认为,危害行为本身并不能

---

① 参见[英]H. L. A. 哈特、[美]托尼·奥诺尔:《法律中的因果关系》(第 2 版),张绍谦、孙战国译,中国政法大学出版社 2005 年版,第 396 页。

② 该理论认为事物内部的矛盾是事物发展的根本原因。事物之间的相互联系和相互影响是事物发展的第二位的原因。内因是变化的根据,外因是变化的条件。法律上的因果关系只能是危害行为与加害结果之间存在的内在的、本质的、必然的联系。行为人只能对必然因果关系承担责任。

合乎逻辑地产生危害结果,但是事件的发展过程中,有其他因素介入,并由于这介入因素合乎规律地引起危害结果,这时危害行为与危害结果之间就是偶然因果关系,介入因素与危害结果之间是必然因果关系。也就是说,在事件发展中偶然的因素变成了必然的原因。

这样的研究方法遭到了一些学者的批评。有的学者认为,这种研究方法过分依赖于哲学上必然性与偶然性的区分,而忽视了刑法研究因果关系的目的,从而使一些结论在实践中难以正确适用,在这方面,必然说的不足更为明显。① 有的学者认为,必然原因理论从对法律原因的定义入手,强调事物内在规律对结果发生的作用,并依据必然性来判断刑法中的因果关系,这一观点与黑格尔等人对因果关系的阐释十分吻合,几乎可以认为,在必然原因理论下的刑法因果关系与黑格尔普遍意义上的哲学因果观并无二致,然而,由于必然性这一概念过于抽象,且对控方举证要求过高,而对被告人过于有利,因此在理论上广受批评。② 有的学者认为,刑法因果关系理论中必然因果关系学说与偶然因果关系学说的纷争,归根结底,是由于对马克思主义哲学以及作为马克思主义哲学重要来源的德国古典哲学特别是黑格尔哲学的不同认识而造成的,其中主要一个是必然与偶然关系的不同认识,另一个是哲学上的因果关系问题的不同认识。③ 笔者认为,上述批评是有道理的,将两个不同领域的概念进行互换,一定是存在问题的。近年来,我

---

① 参见张绍谦:《刑法因果关系研究》,中国检察出版社 1998 年版,第 90 页。

② 参见涂帅:《刑法学因果关系与哲学因果关系之辨析》,载《法制与社会》2011 年第 3 期。

③ 参见周林:《刑法因果关系的哲学基础》,载《浙江省政法管理干部学院学报》1997 年第 3 期。

国许多学者都认识到这一点，提出了新的观点与判断标准，如有的学者借鉴英美法系中的双层次原因说，提出从事实和规范两个层面来考察因果关系，为刑法因果关系的研究提供了新的视角；有的学者则主张借鉴大陆法系的相当因果关系说作为刑法因果关系的判断标准；还有的学者则认为大陆法系的条件说更具合理性；德国的客观归责理论虽然也得到了我国不少学者的支持，但至今尚未形成统一观点。①

二、条件说

条件说在大陆法系产生了深远的影响，直到现在德国的刑法司法实践中仍然主要采纳条件说。条件理论是由奥地利诉讼法学家 Glaser 创立，由帝国法院法官 Buri 充实的。② 条件说主张，"一定之前行事实行为，与一定之后行事实(结果)之间，如有所谓'如无前者即无后者'之论理的条件关系时，则其行为即为对于结果之原因，两者之间有因果关系"。③ 条件说认为，如果结果不消失，这个行为就不能从思想上赶走，那么这个结果就由这个行为所引起，即行为与结果之间若存在"如无前者，即无后者"的条件关系时，则该行为即为该结果的原因，二者便具有刑法上的因果关系。④从以上的概念可以得知，条件说有两层含义：

第一，必然条件关系。所谓必然条件关系是指在具体案件中，

---

① 参见胡春妮：《条件说之提倡》，载《黑龙江省政法管理干部学院学报》2010 年第 4 期。

② 参见[德]汉斯·海因果希·耶塞克、[德]托马斯·魏根特：《德国刑法教科书》，徐久生译，法律出版社 2001 年版，第 340 页。

③ 洪福增：《刑法理论之基础》，三民书局 1977 年版，第 101 页。

④ 参见胡春妮：《条件说之提倡》，载《黑龙江省政法管理干部学院学报》2010 年第 4 期。

具有内在根据,合乎逻辑产生了结果的各个条件与损害结果之间引起与被引起的关系。只要是损害结果产生的必然条件,就可以被认为是引起损害结果发生的原因。反向表述这一含义就是,“若无该行为,即应不生此结果”。如甲从楼上扔下汽水罐,打破了乙的头,乙送医途中被闯红灯的丙撞断右腿,在病房中因医院失火被烧死。甲的行为、丙的行为以及医院的失火放到上面的公式中都无法得出死亡结果一定不会发生的结论,所以三个因素都是造成乙死亡的原因。[①] 第二,等价理论。条件说认为造成结果的所有条件都具有同等价值,所以又被称为等价说。[②] 也就是说,条件说认为,对于损害结果有必然引起和被引起关系的各个条件都是可归责的原因,同时这些条件作为原因的价值是相等的。

条件说一经提出,就受到了极大的关注,德国法学界对其进行了广泛的讨论,德国的司法界将其作为刑法领域认定因果关系的主要学说,此后日本在司法实践中也采纳了该说。条件说不但在大陆法系取得了成功,在英美法系也具有一定影响,甚至被直接规定在《美国模范刑法典》之中。

尽管如此,理论界对条件说的批评也是此起彼伏,呈不绝之势。条件说会引起因果关系的范围认定较为宽泛,这在学界还是能够达成基本共识的。[③] 最常用来批驳条件说的例子,就是按照条件说的逻辑将得出杀人犯的母亲的生育行为和出卖给杀人犯尖

---

① 参见古振晖:《论相当因果关系之“相当”》(上),载《月旦法学杂志》1997 年第 22 期。

② 参见[日]大冢仁:《刑法概说(总论)》,冯军译,中国人民大学出版社 2003 年版,第 160 页。

③ 参见杨绪峰:《条件说的困境与结果归责的类型化》,载《中国刑事法杂志》2015 年第 4 期。

刀的行为与杀人也存在因果关系的荒谬结论。[①] 刑法理论中因果关系条件说存在逻辑上的不足，不仅包含必要条件，还应包含充分条件和充要条件。[②] 有的学者认为，总体上看，理论上的批评意见可以归结为以下三点：第一，条件说在查明刑法因果关系的过程中不能提供任何帮助，该学者称为"条件说无用论"；第二，条件说在假定因果关系、择一因果关系的场合会得出错误结论，该学者称为"条件说错误论"；第三，条件说会不当地扩大刑事责任的范围，该学者称为"条件说宽松论"。[③] 条件说无用论认为，条件说只能适用于已经被查明的因果关系之中，它对于因果关系的查明本身发挥不了任何作用。[④] 条件说错误论认为，在假定因果关系场合和择一因果关系场合，行为人的行为和结果之间的关系并不符合条件公式的要求，但它们之间却又明显存在因果关系，由此说明条件公式在这两个场合不能得出正确结论，进而说明条件说存在缺陷。[⑤] 条件说宽松论认为，条件说会不当地扩大刑事责任的范围。实际上，条件说一经问世，批评意见也就随之产生了。[⑥] 时至今日，这种批评的声音仍然不绝于耳。[⑦] 也有的学者认为，条件说的真正困境来源于其自身不足，涵摄了不该涵摄的因果关系范围，某些该涵摄的因果关系范围却涵摄不进来，这具体表现在以下

---

① 参见周国良：《刑法因果关系的定型性——从条件说到客观归责理论的考察》，载《检察实践》2005年第3期。

② 参见徐芳：《刑法因果关系条件说之我见》，载《长江大学学报》(社会科学版)2008年第2期。

③ 参见邹兵建：《条件说的厘清与辩驳》，载《法学家》2017年第1期。

④ 参见邹兵建：《条件说的厘清与辩驳》，载《法学家》2017年第1期。

⑤ 参见邹兵建：《条件说的厘清与辩驳》，载《法学家》2017年第1期。

⑥ 参见邹兵建：《条件说的厘清与辩驳》，载《法学家》2017年第1期。

⑦ 参见黄荣坚：《刑法问题与利益思考》，中国人民大学出版社2009年版，第83页；王世洲：《现代刑法学(总论)》，北京大学出版社2011年版，第119页。

三个方面:第一,条件说原型无法处理假定因果与择一因果;第二,条件说掺杂了规范判断在其中;第三,条件说原型无法囊括新型因果关系。[①] 有的学者从刑法因果关系当代条件说及其理论基础出发,通过具体国内外案例对单一的因果关系、合成的因果关系、竞合的因果关系以及特殊刑事案件中的条件与因果问题作了人工语言方面的拟制与刻画,发明了所谓的"当代条件说"。[②]

在对条件说的批判声音中,也有一些学者对其贡献提出了肯定性的观点。有的学者认为,对于条件说的批判,总是从其导致的不合理的结论开始的。然而为什么它能在大陆法系国家成为一种有力的学说,并且"自理论建构以来,即为德国实务界所沿采,刑法学界亦采为能说"。[③] 有的学者认为,归责层面虽然各种学说"风起云涌",但在归因层面,条件说早已是"无冕之王"。[④] 有的学者认为,条件说才是真正的因果关系理论,而客观归责理论是实质上、价值评价意义上的归责理论。[⑤] 也有的学者针对经常用来批判条件说的"杀人犯母亲的生育行为以及卖菜刀给杀人犯的商人的销售行为"都需要对杀人犯杀人行为负责的案例提出,这种形式化的推论结果对 Glaser 的条件理论不公平,按照实行行为理论可以认为,根本不存在杀人罪的实行行为,也就无从谈因果关

---

① 参见杨绪峰:《条件说的困境与结果归责的类型化》,载《中国刑事法杂志》2015 年第 4 期。

② 参见姚树举:《刑法因果关系当代条件说的司法运用》,载《法治与社会》2012 年第 7 期。

③ 参见张明楷:《外国刑法纲要》,清华大学出版社 1999 年版,第 78 页。

④ 杨绪峰:《条件说的困境与结果归责的类型化》,载《中国刑事法杂志》2015 年第 4 期。

⑤ 参见周光权:《客观归责理论的方法论意义——兼与刘艳红教授商榷》,载《中外法学》2012 年第 2 期。

系了。[①] 有的学者认为，在自然科学万能的 19 世纪，条件说基于将自然科学的新方法运用于刑法学的意图，采用自然科学特别是物理学的因果关系来讨论刑法上的因果关系，导致因果关系范围的不当扩大，正是由于条件理论存在上述缺陷，才相继出现了原因说、相当因果关系说及客观归责理论，但是，瑕不掩瑜，条件说的合理性及基础性不容忽视——如果条件因果关系不具备，那么任何意义的因果关系都不可能存在。[②]

面对条件说存在的扩大责任范围的弊端，持条件说的学者对其进行必要的理论修正，以适应司法实践的需要。日本学者前田雅英在其《刑法总论讲义》中论及介入因素在因果关系的发展进程中在何种情况下导致前行为与结果之间因果关系的中断时，提出要考察行为人的行为导致结果发生的可能性的大小、介入情况对结果发生作用的大小、介入情况的异常性大小等综合判断。例如，在同样是医生的重大过失引起被害人死亡的案件中，如果前行为只是导致被害人轻伤，则应认定前行为与结果之间的因果关系中断；如果前行为导致被害人濒临死亡的重伤，则宜认定前行为与被害人死亡之间的因果关系。但是，在被害人受伤后数小时，他人故意开枪杀死被害人的，则应否认前行为与被害人死亡之间的因果关系。再如，如果 A 的行为已经导致 B 濒临死亡的重伤，C 后来对 B 实施殴打，只是导致 B 死亡时期略微提前的，则应肯定 A 的行为与 B 的死亡之间具有因果关系。但是，如果 C 开枪射杀已经受伤的 B，则应认定 A 的行为与 B 的死亡之间因果关系已中断。因此，前行为必然导致介入情况、前行为通常导致介入情况、

---

① 参见许玉秀：《当代刑法思潮》，中国民主法制出版社 2005 年版，第 427 页。

② 参见胡春妮：《条件说之提倡》，载《黑龙江省政法管理干部学院学报》2010 年第 4 期。

前行为很少导致介入情况、前行为与介入情况无关这四种情形，对认定因果关系的中断所起的作用依次递增。[①] 这就是所谓的“中断说”，该说对于具体案件中的各个条件分别进行具体分析，根据其对结果所起到的引起作用的大小来确定因果关系是否中断，进而确定引起结果发生的原因。笔者认为，中断说在条件说的基础上，对各种条件的作用大小进行进一步的分析，本身是一种进步。但是在对各种条件的作用综合判断的过程中，采用什么样的标准进行衡量，却没有得到进一步的解决。如果这一问题得不到有效解决，该理论很可能会使因果关系的判断原地画圈，从起点出发又回到原点。

三、近因原则

目前通说认为，近因原则起源于 1906 年《英国海上保险法》中的“proximate cause”，[②]《英国海上保险法》首次就“近因”和近因原则作出明文规定，并将近因原则作为认定保险理赔中承保危险与损失之间因果关系的基本规则。[③] 数个世纪过去了，学者们探索和研究保险法近因问题的脚步从未停止过。美国学者普鲁塞认为，近因是一个扑朔迷离的领域，对它的研究和分析仍然是一堆荆棘和一团乱麻，令人眼花缭乱。[④] 近因原则在英美法系的保险领域审判尤其是海商法审判领域占据通说的地位，甚至在《牛津法律大辞典》中规定：“近因，系指一种与某种有害结果最密切联系的

---

① 参见张明楷：《刑法学》，法律出版社 2003 年版，第 59 页。

② 参见杨召南：《海上保险法》，法律出版社 2009 年版，第 134 页。

③ 参见任以顺：《保险近因原则之“近因”概念内涵探析》，载《保险研究》2008 年第 5 期。

④ 参见尹田：《中国保险市场的法律调控》，社会科学文献出版社 2000 年版，第 133 页。

因果因素,这一因果因素未必与时间或空间有关。一般原则是追究近因而不是远因。所以,损失或伤害应归咎于最直接的因果要素,而非某些出现较早的因果要素,尽管后者可能是损失或损害的基本前提条件。”①

“近因”一词来源于拉丁文法谚“Cause proximate non remote specular”,即“只看近因,不看远因”。② 可见“近因”一词从产生那天起就与时间的概念密不可分。1881 年英国的“劳伦斯诉意外保险公司案”中,法官首次从时间的角度明确阐述“近因”概念。主审法官认为,在确定本案的因果关系时,必须考虑“最近的原因”,而不能把因果关系链条推到当事人出生的时间。笔者认为,这一判决对于保险领域的因果关系的认定是具有里程碑意义的,因为无论其是否存在一些瑕疵,它提出了一个明确的、极具合理性的因果关系认定标准,从而打破了保险领域因果关系认定标准的混沌局面,并为其今后进一步发展指明了理论方向,夯实了实践基础。此后又有一些法官对这一观点进行了阐述,如卡多佐大法官在 *Bird v. St. Paul Fire & Marine Insurance Co.* 一案的判决中所言,“在侵权法里……法官倾向于在因果链上追的远一些,比合同法要远……在保险法里,我们的格言是,‘不要庸人自扰,不要去探寻遥远的原因’”。③ 随着时间的发展,人们对于“近因”的概念有了不同的理解。英国著名海上保险学者 Dover 对近因原则作了如下的概括:“损失的近因是最接近损失的原因,不一定是时间上的,但必

① [英]沃克:《牛津法律大辞典》,李双元译,法律出版社 2003 年版,第 917 页。

② 任以顺:《保险近因原则之“近因”概念内涵探析》,载《保险研究》2008 年第 5 期。

③ 参见陈慧琳:《保险法近因原则探析》,载《法制与社会》2016 年第 11 期。

须是有效的。"[①]美国加利福尼亚州法院在1942年审理*Blanton v. Curry*一案时曾经给近因下过司法定义："近因是指没有被任何有效插因打断的，自然地和延续地产生损害结果的原因。没有该原因，结果就不会产生。"[②]可见，此时在英美法系的国家，学者们对于"近因"的理解已经从单纯的"时空概念"，发展成了从事物发展过程中各种因素所起到的作用的角度来进行诠释。按照这种理解，所谓近因就是对于损害结果的发生最有效、最直接、最实质的原因。这里的"近"不是指时空概念上的"近"，而是作用力上的"最近"。这种观点在我国也得到了许多学者的支持，例如，有的学者认为，近因是原因的一种，是指导致结果发生的最直接、最有效的原因。[③]有的学者认为，当一系列事件发生，并都有可能导致某种损害结果发生时，近因是处于支配地位或者起决定作用的原因，即使在时间上它并不是最近的。[④]再如，我国《最高人民法院关于审理保险纠纷案件若干问题的解释（征求意见稿）》（2003年12月8日发布）第19条第2款也对"近因"作出定义："近因是指造成承保损失起决定性、有效性的原因。"虽然最终这一条被删除，但是其能出现在最高人民法院的司法解释的征求意见稿中，本身就说明有很多学者是支持这一观点的。

从世界范围来看，近因原则的确立明确了保险领域因果关系认定的具体准则，为保险纠纷公平合理的解决提供了有效的工具，

---

① 李毅文：《保险近因原则的近因认定分析——恙螨叮咬人感染致死，人身意外险应否赔偿》，载《中国保险报》2018年6月21日，第7版。

② 姜南：《论保险法上的因果关系规则》，载《河北法学》2006年第7期。

③ 参见陆玉、傅廷中：《保险法中的近因原则与民法中因果联系原则关系之辩》，载《中国社会科学院研究生院学报》2016年第1期。

④ 参见张乃予：《人身意外伤害保险中的因果关系与价值判断》，载《法制与经济》2014年第3期。

从而促进了保险行业的发展。但由于“近因原则”缩短了因果关系的考察范围，限定了保险人的理赔范围，也就产生了被滥用的风险。现阶段，保险人利用“近因原则”缩小责任范围的事例也是时有发生。有的学者就认为，近因原则的全部目的就在于使被告不需要为其行为的全部后果负全部的责任。而适用近因的唯一原因在于法官不可能就案件做出完美的调查，也不可能百分百地实现正义。①

在我国，近因说也是学者和法官们对保险法上因果关系认定的主流学说，许多保险法和商法论著甚至将近因说（近因原则）看作保险法的基本原则。② 在司法实践中，大部分法官也都采用“近因原则”来确定保险案件中的因果关系问题。之所以在没有法律明确规定的情况下理论界和实务界会不约而同地选择“近因原则”作为因果关系认定的标准，笔者认为，主要原因在于“近因原则”在保险领域“成名较早”，加上英国在 19 世纪国际贸易上的霸主地位，才会使“近因原则”在海上保险的因果关系认定领域处于统治地位，进而对其他保险的因果关系认定领域产生了重要的影响。

四、相当因果关系理论

相当因果关系说出现到现在成为因果关系认定领域的重要学说，已有 100 多年的历史。在这一进程中，各国法律实务工作者和法学理论工作者们对相当因果关系说的探讨从来就没有停止过。

---

① James Angell McLaughlin, "Proximate Cause", *Harvard Law Review* 39, 1925, p. 155.

② 李玉泉：《保险法》（第 2 版），法律出版社 2003 年版，第 94 页；覃有土：《商法学》，中国政法大学出版社 2006 年版，第 366 页。

在长期的讨论和论争过程中,相当因果关系说得到了源源不断的实践素材和理论给养,相反其也为因果关系的认定实务提供了有利的指导。相当因果关系说源于德国。19 世纪 80 年代,德国弗莱堡的心理学家冯·克里斯首先提出对导致结果发生的各个条件须加以个别评价,倡导相当因果关系说。克里斯长期研究概率学,并一直试图把概率论的有关方法运用于社会问题的研究中。1889 年,他发表了一篇文章,首次将概率论的思想用于侵权行为法上的因果关系研究领域。① 克里斯认为,因果关系的问题就是一个运用概率学的原理和方法对不同现象之间的引起和被引起关系进行分析的过程。具体来说主要包括两个步骤:第一,是对于某一个现象发生的频率进行考察;第二,是对不同现象发生的频率进行比较研究。通过这两个步骤就会得出相对比较科学的因果关系判断。比如,我们可以通过对某种疾病的患病人群进行考察,从而得出这种疾病是否为特定人群易患疾病的判断。例如,矿工们经常会患肺结核病,通过调查发现,由于矿工长期暴露于对呼吸系统损伤极大的粉尘当中,因而较其他人来说,患肺结核病的比例比较高。这样,我们就可以得出结论,肺结核是矿工们可能患上的职业病,这就为工伤事故中的因果关系判断提供了很好的现实依据。此后,德国学者 Träger 认为,如果行为发生与结果之间在经验上是通常的,那么就可以认为两者之间存在相当的因果关系。我国学者认为,相当因果关系说之所以登上了学说的舞台,在根本上是为了克服条件说处罚范围过宽的缺陷,而其克服的方法就是运用概率

① Von Kries, Über die Begriffe der Wahrscheinlichkeit und Möglichkeit und ihre Bedentung im Strafrecht, ZStW 9, 1989, S. 528 f.

论。[①] 其理论的基本立意很快得到大陆法系诸多学者的赞同，他们在克里斯理论的基础上，对相当性的判断问题做了进一步的研究，从而形成了侵权法上因果关系判断领域的相当因果关系理论。一时间，相当因果关系说炙手可热，逐渐被包括德国、奥地利、瑞士和日本在内的国家接受，并逐渐成为司法实践中具有支配性的学说。此后德国刑法学家特拉格尔又对相当因果关系说进行了关键的阐述，使其又获得了进一步发展。有的日本学者认为，相当因果关系理论认为行为和结果之间必须有相当程度之可能性，方能认定有因果关系。这个相当程度的可能性，也就是行为和结果之间适当的关系，这个适当关系是依常则足以导致结果发生的意思。也就是依一般经验法则对因果关系存在与否作出判断。[②] 德国联邦最高法院在早期判例中认为，所谓的“相当”就是，当某一事件从总体上以明显的方式提高了案件中结果出现的客观可能性时，该事件就是结果的相当条件。[③] 杨立新教授认为，相当因果关系认为“某一事实仅于现实情形时发生某种结果，尚不能就认为有因果关系，必须在一般情形，依社会的一般观察，亦认为能发生同一结果的时候，才能认为有因果关系”。[④]

尽管相当因果关系说出现之后得到了许多国家的追捧，但是也出现了一些质疑的声音，其理论结构也出现了一定的危机。就以日本为例，相当因果关系说在日本理论界一直处于统治地位，在

---

① 参见张小宁：《相当因果关系说的兴盛与危机——兼谈客观归属论的提倡》，载《东岳论丛》2014 年第 8 期。

② 参见古振晖：《相当因果关系之“相当”》(上)，载《月旦法学杂志》1997 年第 22 期。

③ 参见刘信平：《侵权法因果关系理论之研究》，法律出版社 2008 年版，第 78 ~ 88 页。

④ 杨立新：《侵权责任法》，高等教育出版社 2010 年版，第 95 页。

漫长的发展过程中也产生了一些变化。关于“相当因果关系说”的判断标准，在日本存在主观说、客观说和折中说。主观说以行为时行为者认识到的事情作为判断基底；客观说以行为时存在的所有事情以及行为后发生的一般人或行为人能够预见到的事情作为判断基底；折中说则以一般人能够认识和预见到的事情，以及行为人能够认识到和预见到的特殊事情作为判断基底。[①] 在日本，相当因果关系说也出现过危机，这种危机主要出现在日本的“大阪南港事件”案之后。在“大阪南港事件”案中，加害人 A 在某食堂内殴打受害人 B，用洗脸盆与皮带击打 B 的头部长达 1 小时，导致 B 血压升高并引发内因性高血压性脑桥出血，B 陷入昏迷状态。随后，A 用汽车将 B 转移至大阪南港的材料储存间并离去。第二天凌晨，B 因脑出血而去世。验尸结果表明，当 B 在大阪南港的材料储存间昏迷期间，曾有人用角材再次对其头部进行殴打。本案的一个核心争议点在于，即使介入因素十分异常（在一般情况下发生的概率非常小），其对结果的发生起到的作用并不大时，是否应当根据相当因果关系进行归责。实际上，如果立足于概率论的视角，介入因素的异常性就是判断相当性的核心标准。但是，这一标准在“大阪南港事件”案中受到了质疑。有学者指出，异常的介入因素对于结果的发生贡献很小的话，也会倾向于否认因果关系，这就架空了相当性说的理论内核。正是基于这一点，日本学者开始在概率判断的基础上考察前行为与后行为对结果的发生起到的作用大小。根据前田雅英教授的观点，在相当因果关系的判断上需要考虑三个因素：行为人的行为导致结果发生的危险性大小、介入行

---

① 参见［日］团藤重光：《刑法纲要总论》，创文社 1990 年版，第 176 页。

为的异常性大小、介入行为对结果发生的作用大小。[①]

笔者认为,相对于历史因果关系认定的其他标准来说,相当因果关系说的认定标准更加明确和科学,因为相当因果关系说对引起损害结果发生的行为进行类型化处理,这就使一些没有法律上意义的行为或事件被排除在因果关系认定体系之外。例如,两位多年未见的朋友见面后,两人非常兴奋,甲友好地打了乙胸口一拳,这在中国就是朋友之间示好的一种方式,但由于乙患有心脏病,当场病发死亡。从自然意义上来说,无疑甲打的一拳和乙的死亡之间是存在因果关系的,但是根据相当因果关系说,由于甲的行为并非在法律上被类型化的行为,所以,其与乙的死亡结果也就没有法律上的因果关系。另外,相当因果关系说是对两个现象之间进行量化的概率分析,从而排除小概率事件,从自然科学发展的趋势来看,这一点显然是先进的。再以上述的案例为例,甲的上述行为,在持相当因果关系说的学者来看,并非引起乙的死亡的大概率事件,乙自身的心脏病才是其死亡的大概率原因,因此甲的行为与乙的死亡之间不具有法律上的因果关系。

五、比例因果关系说

比例因果关系说是由日本法院通过人身保险判例引入保险法领域的。[②] 在我国,许多法官倡导在处理原因竞合的保险纠纷案件时适用该理论确定保险人的责任。[③] 比例因果关系说是对传统

---

① 参见陈文昊:《相当因果关系理论的规范化考察》,载《辽宁师范大学学报》(社会科学版)2018 年第 5 期。

② 参见沙银华:《日本保险经典案例评释》,法律出版社 2011 年版,第 95 ~98 页。

③ 参见刘竹梅、林海权:《保险合同纠纷中审判实务疑难问题探讨》,载《法律适用》2013 年第 2 期。

因果关系理论的突破。依据传统因果关系理论,对因果关系的判定只存在两种情形,要么存在,要么不存在,非此即彼。传统因果关系理论要求法官必须依据证据优势判定因果关系存在与否,而不是判定因果关系存在的可能性。比例因果关系则仅要求当事人对因果关系的可能性加以证明,而且证明程度无须达到传统理论要求的“优势”。[①] 也就是说,比例因果关系说不完全肯定或者否定因果关系的存在,而是承认因果关系存在的可能性,主张在判断承保危险与被保险人损失之间是否具有因果关系时,要结合具体案件事实对导致损失的各种原因分别评估,依据各原因对损失发生作用的比例对因果关系进行定性,确定承保危险导致损失发生的可能性比例,并以此比例判定保险人比例地承担保险责任。这种理论相对轻松地解决了如何确定原因竞合时因果关系的难题。依据比例因果关系说,法官在处理保险纠纷案件时,若遇到承保危险、非承保危险和除外危险共同导致损失发生的案件,可以依据具体的案件事实证明情况,确定承保危险对损失的因果关系可能性,并依此作出决断,判定保险人比例地承担责任。比例因果关系说改变了在承保危险、非承保危险和除外危险共同导致损失发生时保险人全赔或全不赔的情况,保险人需要根据承保危险对于损失的作用比例承担相应比例的责任。对于原因竞合的保险纠纷案件的处理,这种方法无疑是一种符合人们理想的、公正公平的方法,法官无须再为如何最大限度地平衡保险人和被保险人的利益而在全赔还是全不赔的艰难选择中纠结。与比例因果关系说相类似,在责任分配中使用比例分配方法的还有《挪威海上保险法》的分摊原则。依据1996年《挪威海上保险法》的规定,如果损失是由多

① 陈聪富:《因果关系与损害赔偿》,北京大学出版社2006年版,第196页。

种不同的危险共同导致的,其中一个或多个危险不属于承保危险,应当分别对不同危险进行评估,根据不同危险对于损失发生和损失程度的推定影响,以不同的危险来分摊损失,保险人仅对保险合同约定的承保危险造成的那部分损失承担赔偿责任。根据分摊原则,承保危险对于损失发生作用达10% ~15%以上的,被保险人就能获得赔付。[①] Makdisi 教授认为传统因果关系规则主要有以下缺陷:其一,即使受害人能够证明的因果关系存在,也无法获得任何赔偿,是明显的不公平;其二,被告行为对损害结果有原因力,却不用负担任何不法行为的成本,威慑不足;其三,被告对损害仅有部分的原因力,却仍要对非由其行为引起的损害承担赔偿责任,超过其责任范围。因此,其主张采纳比例因果关系说,比例因果关系说比传统"全有全无"因果关系理论更公平,更能发挥吓阻功能,并且行为人仅就其行为引发的损害负责。[②]

比例因果关系说与传统的因果关系理论不尽相同,它包括两个层面的含义。首先,它只强调原因和结果之间的可能性关系,而并不要求两者之间的盖然性或者必然性关系,这就与民法上的优势证据规则极为相似;其次,在确定原因和结果之间的可能的因果关系之后,根据各个原因对结果起到的作用比例,来承担与其相应的责任。例如,某患者身患绝症,在经过医院的治疗后该患者死亡,此时患者只需向法院证明医院的过失行为具有的可能性导致其存活机会有所下降,医院就要承担赔偿责任。但是具体赔偿多少,就需要鉴定人确定医院的过失行为在多大程度上减损了患者

---

① 参见郭蓓蓓:《挪威、英国、中国海上保险法若干问题的比较研究》,上海海事大学法学院 2005 年硕士学位论文,第 12 页。

② See John Makdisi, "Proportional Liability: A Comprehensive Rule to Apportion Tort Damages Based on Probabiliy", *N. C. L. Rev* 67, 1989, pp. 1067 - 1072.

的存活机会。然后按照这个程度的比例,由医院承担责任。

与其他的“全有全无”的因果关系认定学说相比,比例因果关系说的优势在于:责罚相当。在比例因果关系认定体系之下,可以最大限度地保证引起损害的各方根据自己应承担的责任范围给予相应赔偿。在传统因果关系认定学说之下,容易出现两种情况:第一种情况是,行为人给予的赔偿小于其应承担的责任。在因果关系证明不能的案件或者有其他介入因素的情况下,按照传统的因果关系认定理论,行为人就无须承担赔偿责任。但实际上行为人的行为对于损害结果的发生是有一定作用力的,是应该承担一定比例的责任的。第二种情况是,行为人的赔偿大于应承担的责任。有时行为人的行为对于损害结果的发生是存在很小的原因力,但是在“全有全无”的因果关系认定体系里,只要起到了原因力,就要承担全部的赔偿。显然从公平的角度来看,这是不合理的。但是如果采用比例原则,使行为人在根据其对损害结果的原因力来承担责任,就可以有效地避免这种不合理的现象。从世界范围内来看,已经有越来越多的国家开始探索和接受比例因果关系学说。

六、客观归责理论

客观归责理论是晚近兴起的一种有关因果关系认定的学说。其发轫于德国,被日本等国家引入,并受到了广泛欢迎,其热度一直延续至今。近年来中国学者也表现出了对该学说的极大兴趣。“客观归责”这个概念最初是一个法哲学概念,起源于黑格尔的法哲学。最早出现在拉伦茨的著作《黑格尔的归责论与客观归责的概念》一书中,随后该概念被霍尼格引入刑法领域。此后该理论的集大成者罗克辛开始对客观归责进行了长期而深入的研究,并取得了极大的成就。[①] 有的学者认为:"客观归责理论不仅是近二十年来德国刑法学,同时也是欧洲刑法学被讨论得最频繁和最热烈的学理问题。"[②]

客观归责理论认为,现在学界对于因果关系问题的研究实际上处于一种"混沌"状态,是从根本上混淆了"因果关系"问题和"归责"问题。这两个问题实际上是不同的,是应该区别对待的,对于因果关系的问题应该根据条件说进行判断;对于归责的问题应该使用相当因果关系说进行判断。具言之,因果关系的判断应该分为三个步骤:第一,行为人的行为与客观世界改变有自然意义上的联系,并带来了不被容许的风险;第二,这种风险最终实现;第三,这个实现结果在法律上的构成要件的效力范围之内,并且在这一框架内这个行为引起了这个结果。

该理论的持有者认为客观归责理论的贡献在于,它区分了因果关系问题与归责问题,从而使因果关系的问题更加纯粹,也就更容易提出符合客观规律的观点。同时从实践的角度来说,通过这一学说,也为条件说、相当因果关系说无法圆满解释的特例提供了一个新的认定标准。

尽管客观归责理论具有一定的理论价值和实践价值,但是由于其产生时间较晚,讨论还不成熟,以致在客观上论还是一个远未成熟的理论,其不足之处也是显而易见的,也因此遭到了许多批评。有的学者认为,首先,该理论对于"不被容许的风险"的认定是比较模糊的,没有给出具体的描述和分析,始终有隔靴搔痒之感。而事实上,该理论也无法清晰地界定"不被容许的风险",因

① 参见[德]克劳斯·罗克辛:《德国刑法学总论》(第1卷),王世洲译,法律出版社2005年版,第247~269页。

② [德]许适曼:《关于客观归责》,陈志辉译,载《刑事法杂志》1998年第42期。

此仍无法得出唯一的结论，仍会是仁者见仁，智者见智。其次，如何处理该理论与犯罪构成体系的关系也是存在争议的问题。有的学者认为："通过将客观归责理论与故意及因果关系进行比对，就会发现：客观归责理论吸收了'故意'要素的功能，将其前移至客观阶层；同时，客观归责理论与相当性因果关系说在功能和内涵上均有大量的重合。由此产生疑问，客观归责理论的法律意义何在？诚然，客观归责理论所包含的多重规则以及'正面判断和反向检验交互进行的检验标准'具有积极的方法论意义。但是，客观归责在体系定位上的问题将极大限制该理论在我国刑法实务中的适用。[①]"笔者认为，这种尴尬情况出现的重要原因之一在于客观归责理论并未完全坚持其"客观"立场，而在理论内部包容了较多主观化的因素。

当然也有一些学者认为客观归责理论虽然不是完美的因果关系认定体系，但是与现有的其他理论相比其还是具有偏客观性的优点。周光权教授就认为："相当性理论和客观归责理论都是归责理论，都是解决结果归责于哪个行为的问题，仅仅处理案件而言，条件说进行事实判断，相当性说进行规范判断也可以解决问题，但是不可否认相当性说具有相当多的缺陷，而客观归责理论用多重规则判断确保没有疏漏，在构成要件阶层进行正反两方面判断，使评价有层次性，规范判断确保判断的客观化。部分学者主张无需客观归责理论，只需在因果关系理论采纳相当性说，再在主观判断中对犯罪认定进行限制的观点，具有方法论上的根本错误，在构成要件判断中某个危害结果根本不用归责于某人的行为，就无需再在主观阶层对行为人进行主观归责判断。根据客观归责理论，可

---

① 参见何庆仁：《特别认知者的刑法归责》，载《中外法学》2015 年第 4 期。

以将过去在主观罪过中排除犯罪性的一些个案问题正确归位于客观构成要件的判断。显然客观归责理论强调客观判断在前,不会模糊犯罪阶层。应当充分重视客观归责理论的方法论意义,这是我国刑法未来要认真对待的问题。"①

笔者认为,客观归责理论实际上并没有实质性的理论贡献,其无非是将哲学意义上的因果关系和法学意义上的因果关系纳入一个认定体系,并将这个体系取名为"客观归责"而已。哲学上的因果关系更关注于各个现象之间自然意义上的规律和普遍的联系,条件说便是以此为基础发展而成的。客观归责理论的第一层次就是确定不同现象之间自然意义上的规律,也就是确定哲学意义上的因果关系,那自然就应该适用条件说来解决问题,又何来将条件说适用于第一层次的反向逻辑呢?或者说至少客观归责将条件说适用于所谓第一层次的因果关系问题,是没有任何创新之处的。此前的哲学家和法学家就这一问题基本上已经形成结论并达成了默契。

---

① 张明楷:《也谈客观归责理论——兼与周光权、刘艳红教授商榷》,载《中外法学》2013 年第 2 期。

第二章　德国因果关系认定标准的理论基础

作为大陆法系的代表国家,德国的法律制度自成体系,法学理论也是独树一帜,在世界法学界具有一定的引领作用。在因果关系的实践领域和理论界,德国的学者们更是发挥了其固有思辨特征,对法学领域最具思辨色彩的因果关系问题进行了深入的讨论。

第一节　德国关于因果关系的相关概念

对德国因果关系问题的研究有赖于一些基础性概念的厘清,德国因果关系领域的某些概念和国内学者的理解并不完全一致,有些甚至完全超乎我们的想象。

一、行为

在研究因果关系问题之前,对于“行为”这一概念进行理论上的梳理和概念上的界定是非常必要的。因为与自然科学意义上的因果关系研究探讨万事万物的客观联系不同,法律上的因果关系是绝对离不开“行为”这个概念的,离开了“行为”,就等于脱离了人,脱离了人就没有责任的概念,没有责任这个概念,所有的法律问题都是没有任何意义的问题。关于这一基础性的法律问题,世界范围内学者们见仁见智,观点不一而足。Landsberg 认为,“行为”就是人在特定的时间和特定的地点所体现的任何一种状态,无论这种状态是行为人想要的,还是不想要的;是行为人知道的,还是不知道的;是行为人内在的,还是外部的:所有的这些都可以认定为“行为”。[①] Welzel 认为,“行为”就是人们有目的地进行意图控制的能力。[②]

笔者认为,“行为”这个概念是每一个通过一个时间点和一个人的身体所体现出客观世界的片段。笔者给“行为”这个概念下的定义是一个非常宽泛的概念。人们从传统意义上的方式对“行为”这个概念的理解,相对于笔者提出的“行为”的概念,是要窄得多的,严格意义上说,只是笔者提出的“行为”概念的子概念。根据笔者的定义,“行为”不仅仅指人们有目的地实施的一系列动作,也不仅仅是指任何一个生物的在激情驱动下所实施的一系列动作。它还包括任何生物在被动状态下、在主观上不情愿的状态下身体所体现的举动,如一个登山者坠下山崖时身体的举动。甚至包括一个人特定时间的一种状态,如登山者坠下山崖后死亡的状态,以及非常具有实用价值的人们“不做任何事情”的状态(也

① Landsberg, Die sogenannten Commissivdelikte durch Unterlassung im Deutschen Strafrecht, S. 25.

② Welzel, Das deutsche Strafrecht, S. 28; Armin Kaufmann, Die Dogmatik der Unterlassungsdelikte, S. 85.

就是法律上经常使用的“不作为”概念）。可见这个“行为”概念的范围是始于人的出生，而终于人的死亡。“行为”和人的身体是分不开的，他们总是在特定的时间、特定的地点同时出现。换句话说，“行为”就是一个存在于客观世界的“事实”。从另一个角度来说，如果我们不将人作为一个超越时间和空间的生命体，而是一个活生生地存在于时间和空间中的生命体，那么实际上人就是一个“行为”，人就是客观世界中行为的总和。既然每一个“行为”都是一个“事实”，每一个人又都是一个“行为”，那么就可以得出结论，每一个人都是一个“事实”，每一个“事实”又都是一个人。这个结论看起来可能有些不可思议，甚至可能遭到严厉的批评。但是如果人们不是情绪化地看待这个问题，就会发现实际上“事实”这个概念并没有降低人的人格尊严和法律位阶。

二、行为空间

行为空间是德国法学中特有的一个概念。德国学者 Jürgen Rödig 认为，行为空间就是指行为人实施一个行为时，放弃实施该行为，而实施其他行为的可能性的总和。例如，一个学生独自去游乐场玩，他坐了海盗船，并玩了幽灵火车，但是这两个行为不是行为空间。除了这两个行为之外的所有这个学生能够考虑玩的项目就是行为空间。当然除此之外，这个学生当时可能实施的行为很多很多，包括和游乐有关的和与游乐无关的。但是在因果关系认定的过程中，人们不可能考察所有的行为人可能实施的行为，而只能考察与行为人已经实施的行为相关的，属于同一类的行为。例如，上述学生在游乐场实施的行为属于“游乐行为”，那么其行为空间的考察范围就仅仅限于“游乐行为”。笔者认为，这个概念是我国因果关系认定领域，甚至法学领域都没有的一个概念，这个概念虽然听起来很玄妙，但实际上却是一个非常实用的概念，后文笔者将会通过一些案例进行说明，在此不赘。

三、作为与不作为

“作为”和“不作为”是法学领域特有的概念，历来备受争议，尤其是“不作为”的概念更是分歧极大。德国理论界对于这对概念的范畴划分，也是争议极大，至今也没有形成一个权威的学说。德国的 Merkel 认为，在某人没有任何身体动作的情况下，引发了一定的后果的发生，那么这个过程并不是“不作为”，而是在“不作为”情景之下的“作为”。Radbruch 采纳了 Merkel 的观点，并进一步将其观点程式化，他认为：“有一点不应该被我们否定，就是当某个行为人没有实施他必须实施的行为时，实际上他正在实施一个‘特定行为’，这个‘特定行为’就是‘不做任何事’或者‘做其他的事’。我们不应该将这种行为归类为‘不作为’。”①

这种学说尤其是 Radbruch 的观点得到了后世极高的评价，笔者认为，这些评价是客观的、公正的。甚至与其同时代的教义学在本质上都是与其紧密相连的。

Armin Kaufmann 认为：“与此相反，当行为人‘不作为’时究竟发生了什么是不确定的。是否客观世界因此发生了变化，是否存在客观真实的因果关系，是否行为人的不作为就是身体的完全静止，没有任何行动；是否行为人实施了其他行动；是否实施了‘不作为’这个概念根本无法覆盖的行为，所有这些都是当今学者提出的‘不作为’这个概念没有涉及的问题。”②

---

① Radbruch, Der Handlungsbegriff in seiner Bedeutung für das Strafrechtssystem, S. 137.

② Armin Kaufmann, Die Dogmatik der Unterlassungsdelikte, S. 26.

在 Androulakis 的研究中,我们可以看到,他首先提出了“在守夜人作为帮助犯共同犯罪的案件中,守夜人是如何不作为的?”这样的问题,进而又提出“守夜人是什么时间不作为的?”的问题。然后通过对这两个问题的回答,他告诉我们“不作为”不是“通过不做某事,而做某事”,而是“没有做一些事情,同时又做了一些事情”。① 也就是说,Androulakis 认为,“不作为”本身不是一个行为,但是往往行为人在不作为时,是在实施着其他的行为。比如,见到有人落水不实施救助,在一旁观看的行为;还有脱离本职岗位,回家睡觉的行为。

Androulakis 承认,“不作为”像“作为”一样也是一种能量转化的方式,只不过两者的体现形式不同而已。从这个意义上来说,“不作为”对于结果的发生是能够起到引起与被引起的作用的。“不作为”这种似是而非的特点使其被贴上了“不真实性”的标签。总是有学者质疑“不作为”的客观真实性,及其在因果关系领域的“原因力”。②

笔者认为,无论是 Armin Kaufmann 还是 Androulakis 对于“不作为”的论述都没有超越 Radbruch 的论述,所以笔者将重点介绍 Radbruch 的论述。

从因果关系认定的角度来说,Radbruch 的学说具有特殊的方法论上的意义。Radbruch 直截了当地承认在“因果关系”的认定领域存在一种可能性,就是没有实施某种特定行为的状态实际上并不是什么都没做,而是以一种特殊的方式做某件特定事情,这些都是建立在客观的经验基础之上的,③尽管如此,行为人当时没有

① Androulakis, Studien zur Problematik der unechten Unterlassungsdelikte, S. 58.

② Androulakis, Studien zur Problematik der unechten Unterlassungsdelikte, S. 59.

③ Radbruch, Der Handlungsbegriff in seiner Bedeutung für das Strafrechtssystem, S. 139.

做的行为也不能进入“不作为”的概念。“不作为”的概念仅仅局限于“对一个行为的否定状态”，即没有实施特定行为的状态。①

笔者认为，在“不作为”的情况下，行为人“做了其他的事情”并非仅仅是一种可能性，它更多的是一种必然性。当然这种说法是一种经验之谈，但是这种经验之谈甚至并不逊色于“发现月球”。例如，一个公司职员没有去度假，而是一直在正常地工作。这时这个职员是有身体动作的，是实施了有目的的行为的，是继续工作的，而不是完全的沉默和静止。

但是如果某人被击打一拳而失去了意识，该如何解释其“晕倒行为”呢？是将其看作拳击行为的“不作为”，还是看作其他什么行为呢？Radbruch 对此的解决办法是，他认为，“不作为者”在不作为时，一定是实施了其他的某个行为。这种表述方式是没有错误的，其表述的内容也是毋庸置疑。但是这个与“不作为”相伴相生，并以“不作为”作为前提条件的“其他行为”，却并不包含于“不作为”概念之中，即使某种特殊情况下，“不作为者”没有实施其他行为，也并不影响其“不作为”的性质。

Radbruch 的“不作为”概念是以一个其构建的奇怪的理论框架为支撑的。之所以说他构建的理论世界奇怪，是因为在这个框架中有一些位置是空白的，就比如刚刚提到的与不作为相伴的“其他行为”。而且他所提出的理论世界不仅仅是根本不存在理论空想，而且是人们根本没有能力想象的一个“虚幻世界”。人们在放弃实施某个行为时，是不可能完全静止的，他一定是实施了一个“其他行为”。

---

① Radbruch，Der Handlungsbegriff in seiner Bedeutung für das Strafrechtssystem，S. 140.

由此可见,Radbruch 所言的每一个"其他行为"其实都是理论虚构的,并不是现实的客观存在。Radbruch 的"不作为"概念完全是一个简单地绕过客观存在的典型例子,或者说至少只是在一定程度上具有"概念性"。但是令人感到奇怪的是,被称为"最后行为说"代表的 Welzel 对于 Radbruch 的"不作为"概念的评价。[①] 本来在 Welzel 的学说中特别强调"客观存在"的重要价值,但是他却对 Radbruch 这种绕过客观存在的"不作为"概念表示了理解。Welzel 认为:"正是具有具体可能性的或者潜在可能性的行为使'无所事事'变成了'不作为'。"[②]可以看出,Welzel 是将"不作为"作为一个起点。但是对于 Radbruch 所说的"'不作为'的因果关系是彻底合乎逻辑"的观点,[③]他还是持怀疑态度的。[④]

四、替换思维

替换思维是德国处理"因果关系"问题的重要方式,它不单是法学意义上的"因果关系"产生的重要标志,同时在法学司法实践中也得到了广泛的应用,但是至今对这个思维方式进行系统研究的学者几乎没有,它仅仅是以一种非常隐晦的方式被人们广泛地应用。人们在处理"因果关系"问题时,通常会不自觉地使用这种思维,并往往作为一个先决性的思维来使用,但却始终没有意识到它的重要意义。[⑤]

当我们探寻特定"行为"与特定的"结果"之间是否存在"因

---

① Welzel, Naturalismus und Wertphilosophie im Strafrecht, S. 78 f.

② Welzel, Das Deutsche Strafrecht, S. 194.

③ Radbruch, Der Handlungsbegriff in seiner Bedeutung für das Strafrechtssystem, S. 136.

④ Welzel, Das Deutsche Strafrecht, S. 194.

⑤ Esser R. AT, S. 59.

果关系”时，无论如何我们也避不开替换思维。所谓替换思维就是给需要考察因果关系的行为反向设置一个“替换选项”，然后考察这个“替换选项”是否会引起与当前已经发生结果相反的事实，如果这种结果发生了就可以确定行为和结果之间“因果关系”存在。但是需要注意的是，给我们需要确定“因果关系”的行为任意设置一个“替换选项”是没有任何意义的。作为一个“替换选项”应具备以下三个条件：第一，它一定是属于确定“因果关系”时考虑范围之内的事项，与“因果关系”的考量没有任何关系的事项不能作为“替换选项”；第二，它应是与“被替换项”不同的事项，两者不能相同；第三，它应该是与“被替换项”有相同的“行为性质”。可见，“替换选项”实际上是涉及了一个基础性的概念——“不作为”，在替换思维下，假设出来作为实际发生行为的“替换选项”的行为实际上就是“不作为”。这就意味着法学意义上“因果关系”概念是以“不作为”作为其前提条件。

有的学者认为，在这个思维过程中，人们需要考虑反现实的条件（未真正发生的事实），推测可能发生的结果，计算“如果该事实不发生，那么该结果也不会发生”的公式。① 有的学者认为，“替换思维”是一种“因果关系”认定方法论，虽然有一些自我意识，但总体上还是建立在对客观案例的研究基础之上的，它是对“非现实条件说”和“条件说”之间关系的一种有益的探讨。② 学者 Fiedler 反驳认为，人们是能够不通过简单的概念的方式正确地描述因果关系的③这一点已经得到了充分的证明。④ Fiedler 在这个他认为完

---

① Schneider, Prinzipien der Verfassungsinterpretation, VVDStL20, 1961, S. 1 ff.

② Androulakis, Studien zur Problematik der unechten Unterlassungsdelikte, S. 86 f.

③ Klug, Juristische Logik, S. 45.

④ Klug, Juristische Logik, S. 441.

全正确的判断的基础上进而指出，与一些可以普遍适用的公式相比，现在的以计算确定因果关系的方式具有效率上的局限性。[①]他进一步认为，现代的计算式的确定因果关系的方式从根本上来说不能够涵盖法律上特有的精致性。[②] Fiedler 的这种观点总的来说是很难反驳的。但是“因果关系”自身特质和未来发展终将证明，现阶段“因果关系”认定问题研究的无效性更多是因为“因果关系”概念使用方式的问题，而不是因为他所谓的“因果关系现代计算方式的局限性”的问题。

“因果关系”的概念与“替换思维”密不可分，在所有的运用“替换思维”解决“因果关系”认定的案例中，人们的思维从一个对事实的描述转移到另一个替代事实的描述，从一个已经发生的事实转移到一个未发生的判断，并需要研究两个已经发生的事实之间的关系和两个假设事实的判断。如果以公式的方式对“替换思维”的因果关系认定方式进行表述，应该按照以下的思维进路：

首先我们将某一个事实用字母 S 代替，那么 S1 就是事实 1，S2 就是事实 2，S3 就是事实 3，S4 就是事实 4。通过假设和推理我们可以得到如下公式：

如果 S1 发生在 S2 之前，并且至少还存在 S3 和 S4；而且 S1 和 S2 属于同一个世界（现实世界），S3 和 S4 属于同一个世界（假设情形）；S3 是 S1 的不作为形式，S4 是 S2 的替换选项，此时我们就可以说：“S1 和 S2 之间存在因果关系，S1 引起了 S2。”简言之，如果某个行为存在一个“不作为”形式，而且在“不作为”形式下，就会出现一个“结果”的“替换选项”，那么这个行为和结果之间就

---

① Klug, Juristische Logik, S. 441.

② Engisch, Sinn und Tragweite juristischer Systematik, in Studium Generale 1957, S. 173 ff.

存在因果关系。再简言之,谁能够通过自己的行为使已经发生的结果不发生,谁就真正地引起了这个结果。笔者认为,这种用“替换思维”认定“因果关系”的体系从两个维度对“因果关系”进行彻底分析,虽然这个体系不一定非常准确,但却拥有非常清晰的轮廓,具有极强的可操作性。

五、双重因果关系

在因果关系认定领域,双重因果关系问题也是一个极为棘手的问题。为了说明这个问题,让我们先看一个案例:

有一个打猎者在一片森林里打猎,在离他100米左右的地方有一个哲学家正在进行思考。突然两个人听到有人喊救命。原来是一个伐木工人在伐木时,由于疏忽被一棵倒掉的树压在了底下。当时伐木的铁锯断掉了,压在伐木工人身上的树又特别沉。要想将这棵树抬起来,根据其重量来看,至少需要两个人。这个打猎者当时并没有马上过来施救,因为他担心会有其他树倒下来,将自己压在底下。而这个哲学家仍然在散步,并沉浸在自己的思考当中。据他说他之所以没有上前施救,是因为当时他正在思考人性善良方面的问题,而不想打断这种思考。由于没有人施救,1个小时之后压在树底下的伐木工人死亡。

在本案开庭审理的过程中,哲学家提出了以下辩护意见:

哲学家认为,当时即使他去救伐木工人,凭自己一人之力也不足以搬动倒下的大树,最终还是不能救伐木工人。打猎者在法庭辩论时也认为,当时自己去救伐木工人,是无济于事的,抬起倒下的树木至少得需要两个人。

这个案件所提出的问题就是令所有法学家都感到头疼的“双重因果关系”问题。在本案中,使用“双重因果关系”这个词来确定因果关系问题是本着“审慎态度”的。因为本案至少从表面上看来是缺少因果关系的，而不是存在多个因果关系的。

一方面，从哲学家的角度来看，他的思维方式是正确的。因为从我们前面所论述的“替换因果关系”理论的角度，哲学家的行为与伐木工人的死亡没有因果关系。当时哲学家不能够实施其他行为，以至于伐木工人避免死亡。另一方面，从打猎者的角度来看也是如此。打猎者也不可能实施其他行为，伐木工人仍然会死亡。

可以看出，从整体来看，在本案中如果哲学家和打猎者两个人同时去抬木头，救伐木工人，伐木工人就不会死亡。但是如果从每个人的角度来看，无论是哲学家的行为还是打猎者的行为在本案中都不应该是引起伐木工人死亡这个结果的原因。必须承认这是一个非常特别的案件，有着非常特别的结果。以这个案件为借口，许多人对用“替换思维”确定因果关系的方式提出质疑，要求进一步完善学说体系，甚至要求放弃该学说。Baumann 认为，只要人们不认为这个问题是其他问题，而就是一个因果关系的问题的话，那么唯一的让人感到微弱安慰的就是，存在这样问题的类似案例是非常少见的。①

很明显，由于上述案例的存在，“替换思维”下的因果关系认定体系需要进行一定程度上的修改。如果按照这一因果关系现有的体系来分析上述案例，确实无论是哲学家的行为还是打猎者的行为都不是引起伐木工人死亡的原因。可喜的是这种因果关系认定体系的调整的范围会是非常小的，仅仅需要对于构成该因果关系体系的两个概念进行“泛化处理”即可，这两个概念就是“行为”和“行为空间”。

---

① Baumann, Strafrecht, AT, S. 215.

首先,以“行为”这个概念为切入点,可以得到“总和行为”的概念。如前所述在因果关系领域,“行为”一般是指通过一个时间点和一个生物的身体所体现的特定的客观过程。但是在这里笔者也忽略了一个概念,就是“总和行为”这个概念。所谓“总和行为”就是指通过一个时间点和多个生物的身体所体现的特定的客观过程。“行为”相对于“总和行为”来说,只是一种特殊情况。

其次,以“行为空间”这个概念为切入点,可以得到“总和行为空间”的概念。如前所述,在因果关系领域,“行为空间”就是指行为人在实施行为时本人可以实施的、又可以进入考察范围的各种行为的总量。在这里笔者也忽略了一个概念,那就是“总和行为空间”的概念。所谓“总和行为空间”就是指行为人在实施行为时本人和相关人可以实施的,又可以进入考察范围的各种行为总和。

最后,在“不作为”的案件中,“不作为因果关系”的概念也应该作“泛化”的处理。“不作为”案件就是指那些不履行一定行为的案件的总和。“不作为”的概念将进行“泛化”理解,相应的“不作为”案件中因果关系概念也将进行“泛化”理解。

通过这种“泛化”的处理,在“不作为”的案件中,我们可以获得一个“总和行为因果关系”的概念,在这个概念的基础上我们就能够轻松地解决这个看起来似乎根本无法解决的案件。

在本案中,如果打猎者和哲学家去帮助伐木工人,凭着他们两个人的力量完全能够抬起倒掉的木头,从而救出伐木工人,避免死亡结果的发生。无论是打猎者还是哲学家,都能够实施抬起木头的行为,这是他们力所能及的范畴。但是两者都没有实施这种力所能及的行为,所以他们两个的行为与伐木工人的死亡具有法律上的因果关系。但是现在如果“总和行为”的因果关系被肯定,从逻辑上来说,就等于承认了组成这个“总和行为”的“单个行为”的因果关系。所以笔者放弃了将这一步公式化的做法,而仅仅将其作为一种特殊情况进行研究。

"总和行为空间"的概念解释起来相对复杂一些,具体来说就是,如果人们在认定因果关系时想要使用"总和行为空间"的概念,人们不可以仅仅将"单个行为"简单地进行合并。例如,现在有两个"行为空间",一个是"行为空间"M,另一个是"行为空间"N,这时"行为空间"的总数不是M+N,而是M×N。因为"总和行为空间"的数量值是所有单个行为相互联系的数量总和。

通过以上的分析,似乎产生了这样一个表象,即"总和行为"的概念和与其相应的"总和行为空间"的概念是一个权宜之计的产物,并且这两个概念都过于流于表象,缺少深层次的含义和内容。但是客观来说,一个概念既要权衡各方面的利益,又要不缺少深意,未免有些完美主义。两者兼顾固然是好事,并且在大多数情况下是可能的。但是在一些特殊情况下,能够平衡各方利益已实属难得,再要求其包含似海深意,似乎有强求之嫌、苛责之意。

在解决问题的过程中,难免会出现多个选择,各个选择在很多情况下往往是利弊并存。这时决定选择的标准只有一个,就是既能解决问题,又能获得最大的利益,承担最小的代价。笔者认为,在解决本案和与本案类似的案件时,"总和行为"与"总和行为空间"的概念是代价最小的解决方式。并且这两个概念的提出也并不是空穴来风,也是充分借鉴了理论深奥的"组织人格"学说的。在"组织人格"学说中,就存在"总和行为"与"总和行为空间"的概念。此外该学说还给出了"集体不作为""集体谴责"等概念。

另外,即使不考虑"组织人格"说这一理论基础,"总和行为"

与"总和行为空间"的概念还是有着一定的理论深意的。例如,"总和行为"就是指若干个行为的总和。具言之,就是将在一个特定情境下存在的若干个行为作为一个整体进行考察。即使在缺少各个行为主观意识一致性时,"总和行为"的概念仍然具有意义。当各个行为的主观意识具有一致性时,问题就更简单了。"总和行为"这时就是若干人基于同一目的所实施的行为的总和,这类案件在各个法律领域如刑法或者民法中都已经是司空见惯了。

针对"双重因果关系"问题提出解决方案的历史可以追溯到Träger① 和 Tarnowski,②这两位持条件说的大师对于这个问题提出了虽然没有形成体系,但却有一定指导意义的观点。③ 然而迄今为止,虽经长时间的修正和讨论,这个观点仍然没有得到学者们的一致认可。

造成这种局面的原因主要有以下两个:首先,条件说这种认定因果关系的理论本身就具有模糊性的特点,它对于自然意义上的因果关系和法律意义上的因果关系的混用,是"双重因果关系"问题在其理论框架内难以解决的一个原因;其次,人们对于"总和行为"和"总和行为空间"的概念几乎根本不了解,也是一个重要的原因。

通过以上的分析可以看出,在本案中无论是打猎者的行为还是哲学家的行为都是法律意义上的"不作为"行为,通过对这个案例的分析我们不但解决了"双重因果关系"的问题,也一并解决了"不作为双重因果关系"的问题。

---

① Träger, Der Kausalbegriff im Zivilund Strafrecht, S. 46.

② Tarnowski, Die systematische Bedeutung der adäquaten Kausalitätstheorie für den Aufbau des Verbrechensbegriffs, S. 38 ff.

③ Baumann, Strafrecht, AT, S. 215; Welzel, Das Deutsche Strafrecht, S. 41.

第二节　德国关于“因果关系”的理论争鸣

因果关系的概念不仅是法学领域最重要的问题,也是法学界最具争议的问题。[①] 有的学者认为,因果关系的概念之所以会被激烈地争论,就是因为人们喜欢用特定的表达来理解特定的内容的习惯,实际上成功地避开了关于因果关系问题实质内容的讨论,从这个意义上说,人类根本不能对因果关系的本质性问题进行争论。[②]

一直以来人们总是有一种感觉,因果关系的本质是什么,人们的行为是否一定会引起某种特定结果。[③] 这种感觉的内容迫切需要一种外在的形式,然而现阶段人们似乎并没成功。至今人们设计了许多的外在表现形式,其中最为著名的就是条件说。即使条件说并不是总是正确的,但是人们还是会经常使用它。作为最为普遍的因果关系理论,条件说迫切需要进一步地深入讨论。从何入手进行讨论呢？显然在一个特定表现形式下理解特定的内容,不是人们理解问题的传统。人们想要在不同的形式下准确地了解,是否某个人的特定行为与特定的结果之间存在因果关系。

① Esser, Schuldrecht, S. 231; Maurach. Deutsches Strafrecht, AT, S. 160.

② Klug, Juristische Logik, S. 90.

③ Pascals, “Sur l’esprit de la geometrie” und “De l’art de persuader” in “La Logique ou l’art de penser” (sog. “Logik von Port-Royal”, herausgegeben von A. Arnauld und P. Nicole, 1662).

一、约翰·斯图尔特·密尔的因果关系思想

约翰·斯图尔特·密尔是英国著名哲学家、心理学家和经济学家,19 世纪影响力很大的古典自由主义思想家,支持边沁的功利主义。密尔虽然是英国人,但是其学说却对德国哲学界和法学界产生了深远影响,其有关因果关系的论断更是催生了德国影响最大的因果关系理论——条件说。甚至从其名字的翻译上都可以看出很多人都觉得密尔就是德国人,否则也不会将其名字翻译成"穆勒"这一典型的德国人的名字。所以在对德国因果关系理论进行介绍时,是绝对不能绕过密尔不谈的。

在前一章笔者已经对密尔的学说进行了简单的介绍,密尔在因果关系研究的发展史中起到了承上启下的作用,他的因果关系说虽然说还是属于哲学意义上的因果关系理论,但是法律因果关系学特点却呼之欲出。很多德国法学家对他的学说给予了高度关注,并在其基础上发展出了具有现代意义的法学因果关系学说。在本章中,笔者将会详细介绍密尔有关因果关系的论断。

提到密尔确定的"因果关系"概念,首先值得关注的是以下问题。这个问题就是,如果讨论引起某个"结果"发生的"原因"是有意义的,那么在发现"原因"的背景下,找到引起该"结果"发生的各项"条件"就是适当的,这些"条件"的数量往往比最初显现时要大得多。密尔列举了这样一个"某人在吃完特定菜品后死亡"的案例进行讨论。[①] 密尔认为,在这个案例中"吃特定的菜品"不一定是引起"死亡"的原因。密尔进而认为:"但是在当时的情况下,一定是有一个各种条件的'集合',正是由于这种'集合'死亡的结

---

① BHGZ, Bd. 2, S. 15.

果才会不可避免地发生。例如,这个人吃那道菜的事实一定是与自身特定的体质、健康状态,甚至特定的大气状态有关,可能正是这种情况的整体构成了本案中的条件集合,这个条件集合决定了结果的发生,没有这些条件结果就不会发生。"①密尔积极地探索引起结果发生的各种因素,并提出了"条件"这个名词,进而认为"条件"和"原因"是不同的观点,是极具进步性的。他首次使混沌状态的因果观出现了某种"层次感",使人们对于因果关系的思路更加清晰。但是他的观点仍然遭到了许多学者的反驳,具体如下:

首先,密尔犯了一个他自己也批评过的错误,尽管这个错误看起来很高级。就以密尔列举的"吃菜而亡"的案件为例,在该案中密尔所指出的情况是不足以作为引起结果发生的原因的。密尔将特定的体质、特定的健康状况和可能的空气环境作为"吃菜而亡"的前置条件,这是一个奇异的"集合"。在这个"条件集合"中没有提到人的存在,甚至都没有提到任何有生命体征的物质,例如,细菌,可见密尔是对条件"估计不足"的。

其次,密尔认为将众多条件中少数几个冠以"原因"之名是不合理的。他认为,在我们的世界里任何一个事实情况都不是单独起作用的,它们都是不可分割地相互依存的整体,而我们正在为了某种目的通过这种方式破坏我们的世界,实际上人类对于自然界的了解还是微乎其微的。可以确定的是,人们总喜欢用产生某个"结果"的"原因"的概念来理解他们所掌握的事实的"总量"。但是这个"事实总量"在任何时候都是发生在"结果"之前的,两者一般有着直接的关系,有时两者也可能是一种间接的关系,或者与结

① BHGZ,Bd. 2,S. 16.

果同时发生的事实情况。针对密尔的观点，有的学者进行了针锋相对的反驳：人们非常信服密尔的因果关系概念，因此他们也就什么都没有获得。因为密尔的因果关系的概念在自然意义上，尤其是在高精尖的自然科学领域，完全是一个发育不全的“存在”。[①]还有的学者反驳说，其实在原因与结果这对具有神秘关系的范畴上，早就有对单一的原因和结果进行严谨抽象分析的功能主义的“因果关系”认定法则。[②]

最后，有些学者认为，密尔所提出的“因果关系”的概念，从专业的法学视角来看，完全是不能使用的。因为法学家并不关心引起某一结果发生的全部事实情况，而只关心众多事实情况中哪一个是引起特定结果发生的特定的行为。法学家并不探究决定某一特定结果的全部条件，并将其作为“原因”，而是一贯地探寻一个特定“行为”作为“原因”的可能性，这种和密尔“因果关系”概念的偏离长期存在，也是有目共睹的。[③] 笔者认为，从法学实践层面来说，密尔的学说确实很难直接适用于具体案件的因果关系认定。但是密尔的因果关系学说的贡献并不在于实践的应用，而在于思想上的启蒙，在于他的学说对于法学家们思想的影响。况且现阶段人们不是刻意地将不同的“因果关系”观尖锐地对立，相反人们越来越关注将一个“因果关系”观与另一种“因果关系”概念相结合。Buri 教授就认为：“引起某一现象发生的全部力量的‘总和’被视为‘原因’。从另一个角度来看，这个‘力量总和’里的每一个特定的力量都已经作为‘原因’发挥了作用，因为任何一个‘结果’的发生同样依赖于每一个特定的‘力量’，如果人们仅仅将一个

---

① Bochenski, Die zeitgenossischen Denkmethoden, S. 114 f.

② Bochenski, Die zeitgenossischen Denkmethoden, S. 115 f.

③ Radbruch, Die Lehre von der adäquaten Verursachung, S. 3 f.

'力量'从引起某一结果的'力量集合'中排除，这个结果也必将不复存在。当某一现象发生时，每一个力量都在发挥着作用，如果人们仅仅关注具有生命力的力量，而忽略其他没有生命力的力量，而这些'其他的力量'都是具有原因力的！"[①]当然 Buri 的观点也遭到了 Birkmeyer 教授的反对。[②]

笔者认为，以上的因果关系理论，包括"因果关系"在法律层面的意义、在特定结果中的"因果性"、密尔提出的"因果关系"观、引起结果发生的事实情况"总和"概念相互协同的观点，都具有一定理论意义和现实价值。密尔自己不仅清楚地描绘了在法学层面单一"原因"的概念和 Buri 教授"其他原因力"的概念，并且清楚地阐明了法学上的"原因"概念与他的"原因"概念的不同之处。为了进一步地说明因果关系的问题，他又通过一个案例详细地进行了说明。在这个案例中，一个哨兵脱离了自己的本职岗位，期间敌人发起了突然袭击，由于没有哨兵的警报，部队手忙脚乱，没有很好地应对袭击。密尔认为在这个案例中哨兵的"脱岗行为"既不是敌人的袭击行为，也不是所在部队士兵的睡觉行为，那么它又是如何引起袭击行为的呢？哨兵又为什么要对袭击行为负责呢？大多数人认为哨兵应该负责的理由是，如果哨兵当时没有脱离岗位，那么袭击行为就有可能不会发生。也就说哨兵"脱岗的行为"不是一个"引起原因"，而是一个"阻碍原因"。这种原因力只有当其不存在时才会显现出来。[③] 密尔最终的落脚点究竟是法学还是哲学，很遗憾关于这一点他并没有详细地说明，但事实上在本案中他的"因果关系"观点就是法律意义上的"因果关系"理论。针对这

---

① Buri, Über Kausalität und dercn Verantwortung, S. 1.

② Birkmeyer, Über Ursachenbegriff und Kausalzusammenhang, S. 13.

③ Birkmeyer, Über Ursachenbegriff und Kausalzusammenhang, S. 13, 18 f.

个案例,密尔从“哨兵没有脱离岗位”的角度进行的论述,尤其引人关注。如果当时哨兵坚守岗位,那么袭击行为就不会成功。但事实上哨兵当时并没有在岗位上,这是本案的事实。但密尔没有接受这个事实,而是假设了一个“哨兵坚守岗位”的“事实”。在这里,密尔设计了一个“替代选项”,即“哨兵坚守岗位”。事实上,除了通过这种设定“替代选项”的思维方式之外,人们是根本不能确定引起某一“结果”发生的确切“原因”的。

法学意义上的“因果关系”的概念和上述“替换思维”以一种特别的方式相互联系。在我们探寻某个人的行为是否引起了一个特定的结果时,如果我们的出发点是一个在客观世界上已经发生的“事实情况”,此时我们并没有使用“替换思维”的方式来解决因果关系的问题。因为在这个过程中,只有“已经发生的行为”和“已经发生的结果”,而并没有假设一个替换的选项。如果我们在这两个“事实情况”的基础上,反向地假设一个新的“事实情况”。然后用这个新的“事实情况”去替换已经发生的“事实情况”,甚至是用一个新的“结果”替换原来的“结果”。接下来就要看,这个假设的“事实情况”,如果在整个事件的最初的时候就发生,是否会导致原来“结果”的发生,还是会导致假设的替换结果的发生。历史学家马克斯·韦伯关于“替换思维”视角下“因果关系”发表了自己的看法,他认为:“不管怎样这种‘因果关系替换’理论的基本观点就是‘如果……就……’,例如,如果俾斯麦不发动战争,就不会造就那么多‘闲人’。”因为它刚好涉及那个对于历史的成型具有决定性的人物:在历史上无数个瞬间,发生了当时的历史事件而不是其他的情势,从而形成了最终的结果,那么这个个人决定在“因果关系”意义上究竟对于结果的发生起到了哪些作用,在历史的长河中哪些位置可以归因于俾斯麦呢！[①]

让我们通过密尔举出的案例来对这种“替换思维”进行进一步的说明。由于哨兵擅离职守，兵营被袭击。[②] 在本案例中，有两个基本事实：第一个就是哨兵离开了自己的岗位；第二个就是所在的部队遭到了袭击。如果给两个事实分别设置一个“替换选项”：和第一个事实相关的替换选项就是“哨兵没有离开自己的岗位”；和第二个事实相关的选项就是“所在的部队没有遭到袭击”。对两个“替换选项”进行分析，当我们能够有根据地证明，“如果哨兵没有脱岗，部队就不会遭到袭击”时，那么“哨兵的脱岗行为”就与“部队受到袭击的事实”存在因果关系。

以上就是将密尔的“引起结果发生的全部事实情况”的因果关系理论和他最终的“引起结果发生的主要事实情况”的因果关系理论的比较。“引起结果发生的主要事实情况”的因果关系理论是以“替换思维”作为前提条件的，这一点在上述的案例中已经得到了充分的说明。鉴于每一个引起结果发生的“事实”以及事实之间的普遍联系，这种“替换思维”也当然可以适用到所有的案例当中去。[③]

二、Buri 教授的因果关系理论

Buri 教授[④]的因果关系理论是建立在自然科学基础上的因果关系理论，尽管在一定程度上也是饱受争议，但总的来说还是瑕不

---

① Gesammelte Aufsütze zur Wissenschaftslehre, Archiv für Sozialwiss. und Sozialpolitik, 22. Bd, S. 266.

② Birkmeyer, Über Ursachenbegriff und Kausalzusammenhang, S. 13, 18 f.

③ Mallachows, Abhandlung über Rechtserkenntnistheorie und Fiktionslehre, S. 94 ff.

④ Über Kausalität und deren Verantwortung; Die Kausalität und deren strafrechtliche Beziehungen.

掩瑜。密尔是最早强调每一个引起某一结果发生的“事实”相互之间完全具有相同的“价值”，任何一个事实情况都不比另一个具有更大的价值，因为它们每一个都具有相同“量值”，Buri 教授在他的“因果关系”理论中吸收了这种观点。同时在他的“因果关系”学说里还包括法学家们对于“因果关系”的观点，当然还包括他自己天才般的创造。

密尔所说的引起某一结果发生的各个条件具有同等的价值的观点就是条件说的核心观点。① 德国法院的法官至少看起来也是采用条件说来审理案件的②。具体来说，条件说是指必要的“前提条件”产生一定的“结果”，这些“前提条件”就是“结果”产生的“原因”，这些“前提条件”不能够被忽略，如果没有这些“前提条件”，“结果”就不会发生。③ 这些前提条件，如前所述，具有同样价值。应该说条件说的这种表述形式在一定程度上表达了条件说的内容，但是其最大问题就是表述过于笼统，容易让人们退避三舍，绕道而行。如果人们采用了这种退避的方式解决“因果关系”问题，那么众多“事实”和特定“结果”之间的关系将永远得不到澄清。而且还会出现一系列的问题，尤其是“不作为”事件中的“因果关系”的问题。

我们就以 Radbruch 教授提出的“不作为”概念切入。Radbruch 教授虽然承认，在“不作为”的情况下，经验告诉我们，就会发生“另外一个行为”。但是这个“另外一个行为”实际上并不

① Spendel, Die Kausalitätsformel der Bedingungstheorie für die Handlungsdelikte, S. 78.

② Maurach, Deutsches Strafrecht, Besonderer Teil, S. 168.

③ Maurach, Deutsches Strafrecht, Besonderer Teil, S. 167; Esser. Schuldrecht, Allgemeiner Teil, S. 299.

是他“不作为”概念的一部分。Radbruch 教授认为,在“不作为”发生的情况下,实际上什么都没有发生。但是就像我们看到的,没有哪一个领域是存在空白的“位置”的,这一点适用于法学意义上的“因果关系”领域,也适用于“不作为”领域。人们不可以满足于在确定“因果关系”时放弃考虑一些事情,在确定“不作为”行为时也是一样。谁在确定“因果关系”时放弃考虑一些事情,一定会在同样的地方考虑更多新的事情。[①] 让我们再一次用密尔的“哨兵脱离岗位,导致部队被袭击”的案例进行说明。

哨兵的“脱离岗位”的行为与“部队遭到袭击”之间是什么样的因果关系呢?在本案中,哨兵没有在他的岗位上,而是闲逛到了酒吧喝酒。按照条件说的“思维方式”,应该不去考虑一些事实情况,以确定结果是否还能够发生。如果我们放弃考察“哨兵脱离岗位去喝酒”的行为,那么在本案当中就会出现一个“缺口”。根据构成这个案件的所有“事实情况”进行分析,我们轻松地发现了一个“真相”。但是在缺少一个事实的情况下,我们就根本不能发现事情的“本来面目”,这是一个不需要太多的解释大家就能理解的问题。在本案中,如果缺少“哨兵脱岗去喝酒”的事实,既不会发生部队被袭击的事情,也不会发生部队士兵睡觉等其他事件。

有些人可能会反对说,刚才所写到的程序没有使用到这个“思维方式”上来。在“不考虑特定事实”的思维模式下,如果我们考证“因果关系”的问题,我们会更理解这种观点,即事情将会向另外的方向发展,而不是事情原来的“模样”。

现在我们就假设另一种情况发生。假设这个士兵坐在干草堆上,并且喝了一杯葡萄酒;或者假设这个士兵虽然坐在了干草堆

---

① Engisch, Vom Weltbild des Juristen, S. 131.

上,但是没有喝葡萄酒,而是仅仅喝了一杯啤酒;或者他虽然没有坐在干草堆上,却在一个酒馆里喝葡萄酒;或者他既没有坐在干草堆上,也没有喝葡萄酒,而是爬上一棵核桃树,摘核桃吃;或者他什么也没干,只是站在他的哨位上。但是这些从"因果关系"的角度来看和部队受到袭击是一种什么联系呢？通过比较可以看出,在前四种情况下,袭击仍然会发生,只有在第五种情况下,袭击才不会发生。前四种情况下,我们确定是不考虑士兵的行为的,但是部队遇袭的结果还是发生了。如果按照条件说的"没有这个因素,结果就不会发生的"公式,士兵脱离岗位的行为与部队遇到袭击的行为是没有因果关系的,因为至少在前四种情况下,没有士兵的行为,结果也照样发生了。如果按照条件说的公式"没有先前行为,就没有损害结果"的公式,这种四种情况与部队的遇袭是没有因果关系的,但是很明显前四种行为与部队遇袭的结果是有因果关系的。

当然人们在使用条件说时,通常不会发生认定哨兵的行为与部队遇袭没有因果关系这样愚蠢的结果。原因在于:"人们根本上还没有习惯于正确地运用'条件说'来解决'因果关系'的问题。人们虽然引用这种学说来解决因果关系问题,但是事实上思考问题的方式仍然像密尔一样,即事实上人们真正的想法是,如果当时那个哨兵在自己的岗位上,部队被袭击的结果就不会发生。"①换句话说,人们在使用条件说时,表面上看是运用条件说很好地解决了因果关系的问题,实际上问题的解决恰恰是因为他们根本没有真正理解条件说,并按照条件说的公式解决问题的结果。也就是说,实际上是一种无心插柳的结果。所以,真正了解条件说的人,

---

① Engisch, Vom Weltbild des Juristen, S. 19.

并不完全愿意用条件说来解决因果关系的问题,也就不足为奇了。人们更多的是在条件说的大背景下,来探寻解决"因果关系"问题的不同方向。在众多的探寻者中,有两个人是最成功的,他们是Engisch 教授和 Spendel 教授。这两位教授的论述能够把注意力集中在主要的问题上,而很少去关注一些外围的问题,他们是真正地在研究"因果关系"的问题,而不是从不同的观察角度去研究"因果关系"问题,如从结果的"前置条件"的角度。①

三、Engisch 教授的观点

Engisch 教授公开反对条件说的适用,他认为,条件说包罗万象,但是唯独没有讨论最核心的"因果关系"的问题。② 从"因果关系"的角度来看,条件说更关心"条件",而不是"因果"。很明显,条件说要求我们在一个特定的时间点上用事实上在"特定行为"之后发生的事情,与在没有这个"特定行为"情况下我们设想的基于先前存在的各种事实情况可能发生的事情进行比较,进而找出"因果关系"。这种对于两个事物发生的"过程"进行比较的构造仅仅在"因果关系"理论研讨的层面具有一定的可能性。但是从现实意义上来说,条件说主张的这种比较不具有任何意义。如果说条件说还有一定意义的话,那就是它是一个特别的,与"因果关系"理论紧密相连的,但是又与众不同的因果关系学说。③

如果当时人们忽略 Engisch 教授对"条件说"的所谓"不正确"的使用,那么他的观点什么也没有提出。他对于条件说的使用却始终保持理性立场,不采用条件说的"放弃思考行为"的思维方

---

① Leonhard, Die Kausalität als Erklärung durch Ergänzung, S. 77.

② Engisch, Die Kausalität als Merkmal der strafrechtlichen Tatbestände, S. 18.

③ Engisch, Die Kausalität als Merkmal der strafrechtlichen Tatbestände, S. 18 f.

式,而是积极地思考与条件说放弃思考的“行为”相关的“其他行为”。[①] 他对于条件说的使用方式事实上是:无论是在假设的行为和假设的结果之间(确切地说,是 Engisch 教授看到的),还是在现实的行为和现实的结果之间总是存在一些类似于自然法则上“联系”的东西。而条件说对于这种“联系”并没有给出任何答案。

如果我们更深层次去研究这种自然法则上的“联系”,我们会发现它有一些特点,就是总会有一些事情跟随着先前发生的事情而发生。在同一个情景下,这些“事情”之间的这种“联系”显然总是存在的。这种现象就告诉我们,任何一个由前面的“事实”引起的“事实”,都会与这个“联系”以自然法则的方式相互依存并共同发挥作用。因为这种“联系”的普遍存在,借助它去判定法学意义上“因果关系”问题是根本错误的。

Engisch 教授通常赞成这样思考“因果关系”的问题:“一个行为引起某个符合刑法上犯罪构成明确界定的‘结果’,如果这个‘结果’与这个行为相互联系,并且在时间上发生在这个行为之后,客观上又引起了外部世界的变化,在顺序上符合自然法则和逻辑法则,这个行为又融入了这个‘结果’,那么这个‘结果’就是法律意义上的‘结果’。”[②]这就是 Engisch 教授所创立的“法定条件说”。

Engisch 教授的“法定条件说”和密尔的与结果发生有联系的“全部条件说”,在某些方面是完全相同的。他的“法定条件说”的内容基本上与密尔所说的“积极条件”和“消极条件”的分类是大同小异的。[③] Engisch 教授的“法定条件说”中“法定条件”的数量

---

① Engisch, Vom Weltbild des Juristen, S. 130 f.

② Engisch, Die Kausalität als Merkmal der strafrechtlichen Tatbestände, S. 21.

③ Engisch, Die Kausalität als Merkmal der strafrechtlichen Tatbestände, S. 21 f.

在本质上与密尔所说的“原因”的数量是完全一样的。和密尔一样,Engisch 教授也认为,不只是一个“事实”,而是多个“事实”的总和,在现实中发生在另一个之后发生的“事实”之前,并与这个后发生的“事实”以自然法则的方式相互联系。事实之间没有联系的情况是不可能的,是违背自然界的法则的。

在 Engisch 教授的“法定条件说”中唯一没有反驳密尔的地方就是上面所说的“在现实世界里一个先发生的事实和一个后发生的事实总是以自然法则的方式相互联系的”这一点。此外他更多反对的是“所有先前发生的事实都同等作用地引起了后发生的事实”这一点。他认为,各个事实对于结果的发生所产生的作用是不同的,只有那些对结果的发生起到决定作用的“事实”,才是他的“法定条件”说中所确定的“原因”。

Engisch 教授的这个反驳,使人们备受启发,开启了“因果关系”认定的新的路径。但是“原因就是一个对于结果的发生具有决定意义的‘事实’”这种说法究竟意味着什么呢？又该如何操作呢？学者们产生了一定的困惑。对此 Engisch 教授进一步解释说,如果特定的“事实”的位置被另一个“事实”取代,为此“结果”发生了改变,那么这个特定的“事实”就是引起“结果”发生的“原因”。通过这种思维方式我们自然会成功地解决“因果关系”的问题。Engisch 教授致力于解决困扰了哲学界和法学界很久的“因果关系”的问题,经过他不断地努力钻研,通过这种“法定条件说”,至少在法律界已经一定程度上解决了“因果关系”的问题,更关键的是他打破了“因果关系”问题的混沌状态,指明了通往真理的道路,后人们只要在这条路上努力前行,必然可以找到解决因果关系问题最合理的方法。

法学意义上“因果关系”的概念和自然法则意义上的“因果关

系”的概念是有着很大不同的。在法学领域，在一个案件中出现的“因果关系”问题，放到另一个案件中则会完全不同。不同“事实”之间是否存在自然法则上联系的问题，只有在一种情况下提出才具有意义。那就是在两个“事实”中，其中一个是可知的，而另一个是不可知的。这时人们要么想知道，如果已经存在一个特定的“事实”，在这个“事实”之后会发生什么；要么想知道如果一个特定的“事实”出现，在它之前究竟发生了什么。最终正是为了这两个问题，自然科学界尤其是技术界才会不遗余力地通过一系列法则的方式寻求答案。

相反人们问是否某个人的行为与一个确定的结果之间具有“因果关系”的问题，实际上是在两个“事实”都已经被人知晓的情况下提出的问题，已经与自然意义上的“因果关系”问题有很大区别了。法学家没有动机因为特定“行为”与特定“结果”之间是否存在自然法则上的联系而激烈争论。一个自然法则上联系的确定存在并不能更好地证明两个事实之间存在法律上的“因果关系”，更好的方式是通过它们的“发生”来证明。

法学家相对来说也不是特别关心这些“事实”本身，而是更关心它们的“替换选项”。在适用“替换思维”确定“因果关系”的情况下，需要使用自然法则上的“联系”的概念。运用“替换思维”确定“因果关系”的思维是这样的：“如果先前发生的‘事实’被另一个‘事实’替换，在后发生的‘事实’的位置是否会有另外一个‘事实’发生。”由于在“替换思维”之下，两个“事实”并不是都知道的，我们只知道前一个“替换事实”，而替换之后究竟会发生什么我们并不知道，所以，这时必须用“自然联系法则”确定可能发生的“替换结果”，据此来确定“因果关系”。从这个意义上来说，自然法则下事物之间的联系问题相对于法学意义上的“因果关系”问题仅仅属于一个"下位问题"。并且它相对于"法定条件"说,仅仅涉及现实发生的"事实"之间的联系和假设发生的"事实"之间的联系问题。[①] 进一步说,自然法则下"因果关系"和法学意义上的"因果关系"的首要区别就是思维方式的不同,集中体现在"替换思维"上。在法学领域,法学家能够运用"替换思维"解决因果关系问题。但是在自然科学意义上"替换思维"是没有用武之地的,因为自然科学强调客观性,而"替换思维"只是一种假设。

此外,Engisch 教授在 19 年之后重新详细地论述了法学上的因果关系问题。[②] 首先像以往一样,他坚持他最初的观点的正确性,即条件说仅仅在自然科学层面上去解决"因果关系"问题,然而这时他也开始承认,条件说可能也包含一些特定的具有法学意义的"因果关系"观点。[③] 通过对他的观点的分析,现在人们可以清楚地知道,他是从评判某一学说的角度,相对"暧昧"的角度和在内容上超越前人的初衷,来评价条件说的。从这个意义上来说,条件说实际上表现出了一种特别的具有法学意义的"因果关系"观点,[④]只是由于条件说提出者没有注意这一点,当时的其他学者们也没有敏锐地观察到这一点。但是 Engisch 教授却以敏锐的洞察力和分析力,以一种直接启发式的方式提出了这一点。[⑤]

Engisch 教授的理论贡献不在于前面提到的他指出了条件说的弊端。而在于他启蒙般地指出自然科学意义上的"因果关系"和法学意义上的"因果关系"的区别。但是在他的学说里,却一直

---

① Engisch, Die Kausalität als Merkmal der strafrechtlichen Tatbestände, S. 18.

② Engisch, Weltbild des Juristen, S. 110 ff.

③ Engisch, Weltbild des Juristen, S. 132 f.

④ Engisch, Weltbild des Juristen, S. 132 f.

⑤ Kleisen, Vergeltung und Kausalität, S. 280.

想要把自然科学意义上的“因果关系”视为法学意义上的“因果关系”的一部分,而不是将两者视为不同的领域,笔者认为这一点值得商榷。

四、Spendel 教授的“因果关系”学说

在 Engisch 教授之后,首先是 Spendel 教授对于条件说的理论给予了根本性的评判。他的大部分研究成果都是关于这方面的,他认为条件说适用于违法犯罪行为是存在严重缺陷的。Spendel 教授将条件说的“因果关系”观点分为“积极理解”①和“消极理解”。② 所谓“积极理解”就是指人们通过条件说确定因果关系是否存在,所谓“消极含义”是指人们通过条件说确定因果关系是否不存在。Spendel 教授认为,条件说只有从“积极理解”角度适用,才能发挥有用性。但是,条件说在这方面却有一定的弊端,需要进一步完善。他从“积极理解”的角度对条件说进行了完善,具体如下:“一个行为作为引起某个结果发生的‘原因’的情况是,在没有这个行为并且不考虑任何其他介入因素的情况下进行推论,如果没有这个行为,相应的结果就不会发生,那么两者之间就存在因果关系。”③Spendel 教授这种从“积极理解”的角度对“因果关系”问题的阐述,似乎没有值得反对之处。然而 Engisch 教授对此却提出了反对意见,他认为,人们必须能够从两个不同的方向去阐述一个概念。④ 有的学者认为,Engisch 教授的这种说法是正确的。但是实际上提出一个普遍适用、涵盖所有理论上的法学现象的学说是

---

① Kleisen, Vergeltung und Kausalität, S. 14.

② Kleisen, Vergeltung und Kausalität, S. 15.

③ Kleisen, Vergeltung und Kausalität, S. 92.

④ Engisch, Weltbild des Juristen, S. 288.

不可能的，Spendel 教授的理论成就在于："他仅仅是以概念的形式给出一种提示，根据这种提示人们可以轻松地找到与其相对应的根据，从而确立因果关系的存在。"①

Spendel 教授这种从"积极理解"的角度阐明"因果关系"概念的方式根本没有完善条件说，它只是从不同的角度阐释了条件说，这种阐释相对以前显得更加科学合理。他的理论仅仅要求"不考虑某个需要确定'原因性'的行为"，也就是说，不需要确定"原因性"的其他行为或者其他事实不是他的理论所涉及的范畴。具体来说，Spendel 教授所完善的地方就是告诉大家如何简便易行地使用 Engisch 教授所提出的"因果关系"认定方法。通过这种方式，Spendel 教授完善了上文提到的条件说所固有的缺陷。

Spendel 教授还分析了下面这个案例，1949 年 5 月 3 日英国最高法院审判了这样一起案件。②

被告人当时在纳粹统治地区的一个机构从事精神科医生工作，某日接到指令，要求其将一部分病人转移。这些被要求转移的病人不是根据他们的姓名而是根据他们的隶属关系被分配到特定的小组。被告负责给这些人中值得信任的人开具鉴定，证明这些人属于或者在必要时属于被转移的对象。被告的鉴定就是确定转移名单的重要依据，其他没有被开具鉴定的病人，将会被留下并被处死。被告在明知其所开具的鉴定的效力的情况下，依然开具了鉴定。原告提起诉讼控告被告谋杀或者帮助谋杀。

在这个案件中出现了很多棘手的法律问题，如谋杀罪与伤害致死罪的界定问题、主犯和帮助犯的界定问题，但是这些问题不是

---

① Klug, Juristische Logik, S. 29.

② SJZ. 1949, S. 347 ff.

本研究所关注的范畴。笔者所关注的就是本案中被告的行为在法律上的“因果关系”问题。英国最高法院认为被告的行为与病人的死亡存在因果关系。[①] Welzel、[②]Schmidti、[③]Klefisch、[④]Peters、[⑤]Oehler、[⑥]Gallas[⑦] 和 Henkel[⑧] 等学者都认为被告的行为与病人的死亡存在“因果关系”。只有陪审法庭认为,被告的行为与病人的死亡没有“因果关系”。法庭进而认为,被告以“超越法律的紧急状态”作为辩护理由是符合法理的。[⑨]

Spendel 教授认为:“在本案中如果没有被告医生的行为,将会发生更大的灾难。如果当时医生不给出对病人的鉴定,那么他的职位就会被早已准备好接替他的位置的纳粹医生所代替,那时可能会有更多的人死亡。”[⑩]虽然 Spendel 教授对于此案的评述听起来有点像本案被告的辩护,但是当时他的观点并没有给人留下深刻印象。

Spendel 教授进一步认为,在全部类似的案例中,人们在探寻因果关系问题时总是犯同样的错误。这个错误就是:“在确定因果关系时由于受到‘条件说’的影响,仅仅考察一个‘事实情况’,然后根据这个‘事实情况’,再假定一个根本没有发生的‘虚拟事

---

① SJZ. 1949, S. 353 ff.

② MDR 1949, insbes, S. 375.

③ SJZ. 1949, insbes, S. 566.

④ MDR 1950, S. 258 ff.

⑤ Peters, Die Tötung von Menschenleben in Notsituationen, JR 1950, 742 ff.

⑥ Oehler, Die Achtung vor dem Leben und die Notstandshandlung, JR 1951, 489 ff.

⑦ Gallas, Pflichtenkollision als Schuldausschlie βungsgrund, Mezger-Festschrift (1953), S. 311 ff.

⑧ Henkel, Zumutbarkeit und Unzumutbarkeit als regulatives Rechtsprinzip, Mezger-Fest-schrift(1953), S. 249 ff.

⑨ SJZ. 1949, S. 351.

⑩ Klug, Juristische Logik, S. 47.

实'。"具言之,如果人们仅仅考虑历史上已经发生的"事实情况",不去考虑其他医生可能实施的行为,又根据所考虑的"事实情况"想象出整个事件发生的过程,那么刚好病人死亡的结果不会发生,从而推定被告医生的行为与病人死亡的结果有因果关系。[①] 显然这种观点是错误的,在当时的情况下,即使没有被告医生的行为,还会有纳粹安排的其他医生进行鉴定,到时病人还是会死亡,甚至会死得更多。

Spendel 教授的思考总结起来就是:"仅仅考虑历史上已经发生的事实,而不去考虑有可能发生的其他行为,例如,本案中纳粹的行为和纳粹安排的其他医生的行为,因果关系的链条就会崩溃,就像在纸牌屋里抽出几张纸牌,纸牌屋就会倒塌一样。"[②]如果人们不想让纸牌屋倒塌,最好的办法就是用几张新的纸牌替换被抽出的纸牌。具体到因果关系认定领域,就是用新的"事实"去替代不予考虑的"事实"。这种不绕过不予考虑的"事实"的做法实际上就是使用了"替换思维"。但是对所有发生的"事实"都予以"替换"显然是不正确的,我们需要替换的"事实"一定是那些在确定"因果关系"时应该考虑的"事实"。在本案中应该考虑成为"替换选项"的事实就是"被告医生拒绝鉴定的行为"。通过这种方式我们可以看出,本案中,如果医生拒绝鉴定,他确实以这种方式坚定地维护了法律秩序,但是马上就会有其他医生顶替其职位,从而有可能造成更多的病人死亡。也就是说,即使被告医生拒绝鉴定,病人死亡的结果还是会发生,所以两者之间没有法律上的因果关系。

最终英国最高法院判决,从那些由于被告医生不作为而死亡

① Klug, Juristische Logik, S. 48.

② Spendel, Die Kausalitätformel der Bedingungstheorie für die Handlungsdelikte, S. 78.

的病人的角度来说，被告医生的行为与病人的死亡没有因果关系，就这一点来说，医生的行为在犯罪的客观方面不符合犯罪构成的要求；从那些由于被告医生的行为而保留生命的病人的角度来说，被告医生的行为在客观方面是符合杀人罪的犯罪构成的，也就是帮助杀人，这一点来说，被告医生的行为是具有违法性的①。关于被告医生的行为可罚性的问题，还有由于个人原因"免予刑事起诉"的问题，以英国最高法院为代表的社会各界，都集体地保持了沉默。没有人提起这个问题，似乎大多数人更愿意看到被告医生承担法律责任，受到一定的处罚。

五、Welzel 的因果关系观点

在确定"因果关系"的过程中，我们需要遵循这样一些基本规则：

1. 如果事实 1 发生在事实 2 之后，那么事实 2 就没有发生在事实 1 之后；

2. 如果事实 1 发生在事实 2 之后，事实 2 又发生在事实 3 之后，那么事实 1 就发生在事实 3 之后；

3. 如果事实 1 发生在事实 2 之后，那么事实 1 和事实 2 就不是同一的；

4. 如果事实 1 和事实 2 是同一的，那么事实 1 就不会发生在事实 2 之后；

5. 如果事实 1 发生在事实 2 之后，那么事实 1 和事实 2 就不是同时发生的；

6. 如果事实 1 和事实 2 是同时发生的，那么事实 1 就不是发

---

① EV. 211 St BG.

生在事实 2 之后。

这些规则听起来并非高深莫测，而是更倾向于中规中矩，并且有些像这样的表述："如果一个行为是另一个行为的不作为，那么另一个行为就是这个行为的不作为。"但是我们却不能忽视这些看似简单的句子中所蕴含的自然规律和法学含义，有必要进行深入的思考，从而确立有利于"因果关系"认定的体系。

如前所述，如果存在事实 1 和事实 2，而又有一个事实 3，事实 3 又是事实 1 的不作为，事实 4 是事实 2 的替换选项，那么事实 1 和事实 2 就具有因果关系。根据"如果一个行为是另一个行为的不作为，那么另一个行为就是这个行为的不作为"的表述，如果事实 3 是事实 1 的不作为，那么事实 1 也是事实 3 的不作为。结合这两个表述，我们可以得出结论："如果事实 1 是一个不作为，那么事实 1 和事实 2 之间具有因果关系。"

换句话说，如果一个行为不能被看作不作为，或者说没有不作为的形式，那么就不存在因果关系的问题。这是不作为因果关系的铁律，是没有任何例外的规律。如果一个行为不具备不作为形式，因果关系是不能成立的。如果一个行为具备不作为的形式，那么它就是一个"具有外部效果的行为"。事实上，只有"具有外部效果的行为"才是具有因果关系问题的行为。这一观点虽然听起来有点让人震惊，但是它的真实性是不容置疑的。

由此我们又可以得出以下公式：

如果事实 1 没有外部效果，事实 2 就不会发生，那么事实 1 和事实 2 就不具有因果关系。如果事实 1 没有外部效果，就没有事实 3，那么事实 1 和事实 3 就是具有相同的"空间维度"并且相互区别。换句话说，事实 1 如果没有外部效果，也就不会有其不作为形式——事实 3。事实 1 如果没有事实 3 这种不作为形式，就不会与任何一个事实 2 具有因果关系。

可以看出,因果关系和具有外部效果的行为紧密相联,之所以两者会有如此联系的本质原因其实也并不深奥,很容易被人们理解。如果一个行为没有外部效果,那么它就包含行为空间的"一极",而没有与其相反的"另一极"(不作为)。尽管如此,其他行为却不能成为确定因果关系时考虑的内容,因为因果关系的确定只能考察一个行为,不能因为特定行为与结果没有因果关系,就考察其他的行为。[①] 例如,如果当事人实施了他必须实施的行为,或者他实施一个他根本没有能力实施的行为时,在这种情况下引入"假设程序",运用"替换思维"判断其行为的因果性就毫无意义,因为根本就没有可供假设的空间和可以替换的选项。具言之,在"替换思维"之下,"假设项"也必须被严格地考察,但是如果引起"假设项"的事实 1 和"假设项"没有被系统考察,并确定两者基本合法性的话,那么"假设项"也就等于没有得到系统的考察,这必将影响因果关系的认定。

总的来看,是人的思维方式决定并限定了因果关系的认定。在一个具体的案件中,只有在当事人的行为在"行为空间"内具有另外一种形式(作为或者不作为),并且这种行为形式能够引起另一个结果的发生,当事人的行为才与结果之间具有因果关系。同时这另外一种行为形式,一定得是当事人能够理解、掌握和行使,但是现实生活中并没有发生的行为。

因果关系中的结果就是一种客观的"效果"。从自然科学的角度来说这种"效果"都是发生在一定的行为或者事件之后,具有"后发性"的特点,如果仅仅停留在这个层面,是不需要"替换思

① Ernst, Kausalität von Tun und Unterlassen, S. 45 ff.

维”的。但是情况往往不是这样的“结果”。人们往往是在替换思维的背景下才能够理解自然意义上的“结果”这种现象。所以说“结果”是自然意义上的一种效果，但是它又是一种人的“选择”，这也是单纯的自然意义因果关系问题进入法学研究领域的主要原因。

在德国的因果关系研究和实践领域，Welzel 的观点也是不可以被忽视的理论力量。他还不遗余力地反对以“最终联系”作为“因果关系”的观点。[①] 但需要注意的是，Welzel 这里提到的因果关系仅仅指自然科学上的因果关系，而并非法学意义上的因果关系。[②] 这一点上来看，Welzel 的观点与 Nicolal Hartmann 的观点非常一致。[③] Nicolal Hartmann 将客观事实之间的联系分成“因果关系必要性”和“法则必要性”，这里的法则必要性就是指“普遍联系必要性”。[④] 他的这种区分看上去高深莫测，实际上并不难理解，我们在日常的生活中和司法实践中也经常采用其中的一个“必要性”，也就是“因果关系必要性”，简言之就是“因果关系”。关于自然万物的“普遍联系”，仅仅是一种客观存在，而且这种存在不取决于最终是否一定成为“现实”。[⑤] 那么 Welzel 所谓的“最终联系”究竟指的是什么呢？笔者认为，虽然表面上来看“最终联系”指的是人的具有意识的行为，但是从他的表述来看“最终联系”也可能是指不具有意识的纯自然的“举止”。因为在 Welzel 的论述中从来没有提及过“目的行为”这个概念，他只是使用“行为”这个

---

① Welzel, Strafrecht und Philosophie, Kölner Universitiits-Zeitung, 1930, Nr. 9, S. 5ff; Das Deutsche Strafrecht, SS. 30, 32.

② Welzel, Das Deutsche Strafrecht, S. 40.

③ Hartmann, Philosophie der Natur, S. 318.

④ Hartmann, Philosophie der Natur, S. 324.

⑤ Hartmann, Der Aufbau der realen Welt, S. 507.

概念来论证一个特定行为和特定结果之间的因果关系问题。他所使用的这个“行为”的概念可以称为“行动”。通过这种方式他用“因果关系”的概念反驳“最终联系”的概念,同时他又将这种作为“最终联系”的“行动”的概念与自然意义上的“联系”进行了比较。

但笔者认为,Welzel 的这种比较实际上没有任何实际意义。因为他的观点忽略了一点,就是在自然意义上的事物之间的联系和“行动”概念之间还有一个极为重要的中间概念——“目的行为”。① 这个缺陷是严重的,因为“目的行为”这个概念对于理解“不作为”情况下的因果关系具有不可或缺的作用。② 就以下面的案件为例:

一个猎人在打猎的过程中发现了一头野猪,野猪距离猎人有一定的距离,猎人举起枪进行射击,子弹没有打中野猪,而是穿过灌木丛,打中了一个已经退休,正在树林里搜寻蘑菇的老人。

这个案例引起了极大的波澜,学者们各抒己见,进行了激烈的讨论。学者们争论的焦点就是,是否猎人的行为导致了退休老人的死亡。有的学者认为,正是猎人的行为导致了退休老人的死亡。理由就是,当时猎人不是必须开枪,但却开枪,结果导致退休老人的死亡,并且猎人的行为是“目的行为”,所以猎人的行为与退休老人的死亡有明显的因果关系。③ 但是有的学者认为,猎人的行为和退休老人的死亡没有因果关系,因为猎人虽然实施了“射击行为”,但是其并非瞄准这位退休老人。这就是本案的关键所在,一

---

① Welzel, Das Deutsche Strafrecht, S. 37.

② Jescheck, Aufbau und Behandlung der Fahrlässigkeit im modemen Strafrecht, S. 11.

③ Radbruch, Der Handlungsbegriff in seiner Bedeutung für das Strafrechtssystem, S. 127 ff.

个行为只有针对一个事前确定的“目标”时，就能被看作是“目的行为”，也才存在因果关系的问题，至于这个先前的目标是不是最终发生的结果目标实际上并不重要。[①] 如果一个行为不是针对一定的“目标”，就不是“目的行为”，可见追寻一定的“目标”是一个“行为”转化为“目的行为”的前提条件。在本案中，猎人的行为明显是一个“目的行为”，其目标就是“使野猪死亡”。但是如果我们将对于结果的明知性作为 Welzel“行动”概念的前提条件，那么猎人的行为对于退休老人的死亡来说就不是“行动”，因为猎人对于退休老人的死亡事前没有任何明知性，在实施射击行为的时候其仅仅对于野猪的死亡是明知的。可见 Welzel 提出了两个观点：第一个就是肯定自然意义上的因果关系；第二个就是否定“行动”意义上的因果关系。在本案中，从自然意义的因果关系上来看确实是猎人的射击行为导致了退休老人的死亡，这是 Welzel 所肯定的；但是从“行动”意义上的因果关系来说，猎人对于退休老人的死亡没有任何“明知性”，在当时的情况下，猎人是不会预见到退休老人会出现的。对于 Welzel 的这种观点笔者并不认同，因为本案的关键在于猎人本来可以不实施射击行为或者在其他地点实施射击行为，那样退休老人就不会死亡。即使猎人当时没有预见退休老人会出现，也根本不想打死该老人，但是当时他是能以一种相对较弱的方式预见到自己的射击行为有可能伤及别人的。

从法学的角度来看，因果关系的问题不单单是存在于作为的情况下，在不作为的情况下，因果关系也是存在的，其规则就是：如果一个“行为”是一个“目的行为”，包括作为和不作为，那么它就

---

① Welzel, Das deutsche Strafrecht, S. 30; Maurach, Das deutsche Strafrecht, S. 135.

有可能成为引起某一结果发生的“原因”。或者说,如果一个行为能够具有不作为的形式,那么它就有可能成为引起某一结果发生的“原因”。

不作为的因果关系问题从某种意义上说就是,人们是否放弃讨论作为的因果关系,而去研究不作为的因果关系问题。大多数人可能会认为,不作为的因果关系问题,自然是不考察作为因果关系,而仅仅考虑不作为因果关系,这是理所当然的。但是事实恰恰相反,对于作为因果关系的考察是绝对有利于不作为因果关系的考察的。这一点在不作为因果关系的认定上是极为重要的。这也就是 Savigny 所谓的“大统一”的概念,①当然这个概念主要可以归功于“替换思维”。

人们考察特定行为与特定结果之间的“因果关系”问题时,从来都不是随意设置环境,而总是将其与当时的客观环境联系在一起,并根据当时的各种情势来判断两个现象之间是否存在“因果关系”。例如,一个房子起火,那么这个着火的事实就是 S2,房子没着火就是 S2 的替换选项 S4。为了确定房屋失火所带来的损失,我们可以将 S2 和 S4 进行比较,对 S2 进行否定性评估,对 S4 进行肯定性评估。具言之,评估思路就是:该房屋失火造成了什么样的损失,房屋如果没失火会带来什么样的价值。通过这种方式我们就可以判断出房屋失火所造成的损失。但是从因果关系研究的角度,我们显然不能停留于此。我们需要进一步研究房屋失火的原因究竟是什么。经过调查发现,一个人的行为与房屋的失火有密切的关联。这个人就是失火时这个房屋的访客,当时他无意地扔了一个烟头在房屋的地板上,那么这个扔烟头的行为就是 S1。与

① Savigny, System des heutigen Romischen Rechts, Bd. 1 und 2, S. 270.

S1 在屋内“扔烟头”行为在同一行为维度上的行为就是“将烟头扔到屋外”的行为，这个行为就是 S3。如果在 S3 的情况下，就会发生 S4，也就是房屋不会失火，那么 S1 和 S2 之间就具有因果关系，也就是说“扔烟头”的行为和“房屋失火”的结果具有因果关系。在本案中，固然会有许多客观情况和人的行为发生在房屋的失火之前，甚至与其有着自然意义上的联系。例如，空气的存在与房屋的失火有紧密的联系；再如，香烟销售者卖烟的行为也与房屋的失火相联系，但是只有作为 S1 的扔烟头的行为“与众不同”，与房屋的失火有着特别的联系，也就是法律上有追责必要的行为。因为作为该房屋的最后一个访客，他有将烟头扔到屋内这一行为的其他选择，他本可以将烟头扔到屋外或者其他安全的地方，但是他却没有这样做，从自然意义上来说，如果他这样做了，房屋就不会失火。基于这样的“他将烟头扔到屋外，房屋就不会失火”的判断，就可以认定房屋失火与他扔烟头的行为存在因果关系。

基于以上的分析可以看出，在这个逻辑构造中 S3 是法律上的肯定评价，而 S1 是一种法律上的消极评价。也就是说，本案中 S3 将烟头扔到屋外的行为是法律上所肯定的行为，不需要承担责任的行为；而 S1 将烟头扔到屋内的行为是法律上所否定的行为，是需要承担法律责任的行为。那么我们就可以称 S3 最后的访客将烟头扔到房屋外的行为就是在法律上鼓励的“必要行为”，S1 就是法律所不鼓励的，造成损害即需承担法律责任的“不作为”。本案中最后的访客并没有实施这个法律上鼓励的“必要行为”，而是实施了法律所否定的“不作为”，又引起了法律上的损害后果，也就应该承担相应的法律责任。

需要注意的是，这种确定因果关系的方式只能适用于法律给予否定性评价的行为，而不能针对法律上给予肯定性评价的行为。

例如,如果某人实施的是正当防卫行为,就不能采取这种思维方式认定其没有实施法律上的"必要行为",而构成不作为。Gallasr 认为,如果行为人实施的是一个从任何规范化的视角都可以"期待的行为"(可以理解为必要行为),那么行为人就不存在"不作为"的问题。① 如果在同一个行为维度存在两个行为,其中一个是被法律肯定性评价的,而另一个是被法律否定性评价的,从乐观的角度出发,一般人们都会选择实施法律上给予肯定性评价的行为。但是如果行为人没有实施被法律给予肯定性评价的行为,而是实施了否定性评价的行为,那么他的行为就会被视为一种"不作为"。无疑通过从"不作为"切入的方式更容易使人们理解因果关系的问题,同时也可避免司法实践中因果关系的认定出现混乱的局面。通过这种替换思维的方式去认定因果关系的问题,可以不去考察那些与结果有联系的纷繁复杂的"条件",而直接找到引起结果发生的具有法律意义的"条件",也就是"原因"。

关于 S4,实际上就是为了确定因果关系的问题而提出的替换选项。我们在考察特定人的行为是否为引起某一结果发生的原因时,如果行为人能够实施其他行为,以致结果会发生变化,即使这种变化是一种微小的变化,我们也可以认定,行为人的行为与结果的发生是有因果关系的。但是这也不意味着替换选项 S4 任何微小的变化都会使 S1 和 S2 具有因果关系。就以前面提到的医生给病人开具鉴定的案件为例,因为医生给一些人出具了鉴定,使他们能够被转移,同时也使其他病人失去了生存的机会。从替换思维的角度,S2 病人死亡的结果似乎也存在替换选项,例如,医生可以通过自己的行为让这些人提前死亡 10 分钟或者 20 分钟,那么这

① ZStW,67. Bd,S. 9.

时作为 S2 的替换选项 S4 就发生了微小的变化，变成了“病人提前死亡”。既然替换选项发生微小的变化，是不是 S1 和 S2 就具有因果关系呢？也就是说是不是医生的行为与病人死亡的结果有因果关系，进而应该承担相应的法律责任呢？答案是否定的，因为这里 S4 发生了微小的变化，但是 S4 和 S2 从法律的角度都是同种类的行为，也就是说都是杀人行为，都使病人失去了生命。这种法律上同种类的行为之间的变化是不能够认定为替换选项发生了变化的，也就不能认定医生改变行为会使病人死亡的结果发生变化，进而确定医生的行为与病人死亡的因果关系。

诚如有些学者所言，在确定因果关系时虽然没有说明，但是人们都是有这样一个出发点，就是因果关系所指向的结果一定是法律所规定的、已经类型化了的事实，例如抢劫行为或者杀人行为。[①]

所以，S4 微小的、属于法律上同类型的变化是不足以在因果关系的认定中发挥作用的。否则人们就会进入一个错误的逻辑进路，也就是人们会被事实上发生的结果的替换选项要求，去肯定性地评价事实上发生的事实 S2，而对于假设的替换选项 S4 进行否定性评价，也就等于免除了行为人行为和损害结果之间本应具备的因果关系。

---

① Träger, Der Kausalbegriff im Zivil-und Strafrecht, S. 41; Kries, Die Prinzipien der Wahrscheinlichkeitsrechnung, S. 24; Tarnowski, Die systematische Bedeutung der adäquaten Kausalitätstheorie für den Aufbau des Verbrecherbegriffs, S. 46 f.

第三章　德国刑法和民法中因果关系的认定标准

第一节　德国刑法中因果关系认定标准

从语言学的角度来看,刑法上因果关系的概念最接近"因果关系"这个词的本义。在某种意义上,刑法上因果关系的概念也被当作自然意义上的因果关系使用。[①] 在德国的刑法领域占据权威地位的因果关系理论是条件说,即如果一个特定的行为发生后,特定的结果就一定会出现,那么两者之间就一定存在因果关系。根据条件说,在刑法上(与社会法不同),所有引起结果发生的条件都被认为具有同等的价值,在刑法上都给予同等考量,因此也就不存在"主要原因"这一概念。19 世纪中期,在当时流行的机械决定论哲学

---

① BHGZ, Bd. 3, S. 265.

背景下,德国学者布里斯最早提出了条件说,此后德国刑法学者李斯特、斯托斯等极力倡导。在司法实践层面,条件说是由德意志帝国最高法院刑事部推事布黎首创,至今为德国法院所普遍采用。[①]条件说一经提出,很快便取得了理论上的通说地位,并且在司法实践中备受推崇。它不仅得到了德日刑法理论和司法实践的支持,而且也受到了英美刑法学者的拥护,甚至被直接规定在《美国模范刑法典》之中。在我国,条件说受到了越来越多学者的认可,而且开始在司法实践中得到适用。[②] 以下我们通过几个案例来说明条件说在德国具体的案件中如何应用:

案例一:

在一个由肇事者引起的交通事故中,受伤的老人大腿骨折,在手术后,这个老人又因患上了致命的肺部血栓死亡。

本案中的主要问题是,交通事故与老人的死亡是否有因果关系呢?根据条件说,答案是肯定的,因为无论是“交通事故”还是“肺部血栓”,对于老人的死亡都起到了同等的作用,在本案中缺少任何一个条件老人都不会死亡,其因果关系的链条就是:没有交通事故,老人就不会做手术,没有手术,老人就不会患上肺部血栓,也就不会死亡。可见,条件说是对所有引起结果发生的因素都作等值的考量。

如果对上述案例的案情进行一些调整,假设因交通事故受伤的老人在手术过程中又因为其他意外事故导致死亡,那么按照条件说应该如何认定因果关系呢?本案中先后发生的两个意外事故是否都对老人的死亡结果有因果关系呢?让我们一起看调整后的

---

① BHGZ, Bd. 3, S. 135.

② 邹兵建:《条件说的厘清与辩驳》,载《法学家》2017 年第 1 期。

案例：

案例二：

在案例一中，如果老人的死亡不是因为血栓，而是因为手术过程中的麻醉事故。

那么，在德国根据条件说无论是肇事者还是麻醉师对于老人的死都起到了相等的作用。两者都因疏忽大意对老人死亡的结果承担责任，这两个“疏忽大意”可以作法律上的等值考量。很明显条件说对于肇事者不利，德国刑法上之所以采用这个明显对肇事者不利的理论来确定因果关系，大约是因为刑法上的第一原则惩戒犯罪所致，因此在德国民法和社会法领域就找不到条件说的“蛛丝马迹”。

在德国，条件说是否适用于以下情况，存在一定争议：

案例三：

假设，在医院治疗期间，案例二中的伤者因被确定为癌症患者，而必须进行手术，在手术中因麻醉事故而去世。

根据“纯粹条件说”理论，本案例中交通事故的肇事者对这个伤者的死亡结果同样承担法律责任。其逻辑路径是：如果没有交通事故伤者就不会住院，伤者不住院就不会被查出癌症，没有查出癌症就不会做手术，不做手术也就不会造成死亡的结果，所以，肇事者与伤者的死亡有着因果关系，就应该承担相应的法律责任。对于这种观点，许多学者表达了不同观点。一些司法案例和研究文献也已经否认了这种情况下因果关系的存在。持“分配论”的学者认为，这种情况下，交通事故和伤者的死亡是没有因果关系的，交通肇事者不能对伤者的死亡承担责任，因为交通事故本身并没有加强伤者因癌症手术死亡的风险。[①] 持“关联论”的学者也认为，这种情况下，交通事故和伤者的死亡没有因果关系，伤者在癌症手术中的死亡，已经超出了伤员规则和交通法规的保护范围。[②] 现阶段，德国学者们基本已经达成了一致，在这种情况下，交通肇事者对于死者不承担责任。因为从因果关系的认定的角度来看，交通肇事者是没有可归责性的。[③] 从以上案例可以看出，条件说的最大特点就是，因果关系不因受害者自己的或第三人的行为推动了这种因果关系或者蕴含在这种因果关系中而使因果关系中断。

再举一个在德国刑法因果关系领域被反复引用的案例，在本案中因果关系发展的过程中插入了重要的一环，从而引起了一些争议。此案是由德国最高法院（德国联邦最高法院的前身）于1880年审理的，至今都具有重要的意义。案情如下：

作为被告人的妻子在一个酒杯中放了白砷，并将酒杯放到了卧室的窗台上，然后离开，她的丈夫因喝掉了酒杯中的酒而白砷中毒死亡。[④]

州法院认为，“虽然丈夫对自己的死亡也是有一定责任的，因为丈夫在当时的情况下应该意识到他应该更进一步检查酒杯中酒的情况，但是由于放毒的妻子本身具有独立的意识，丈夫的行为只是与其合力才造成了死亡的结果，所以，妻子应该为其行为承担责任。换句话说，如果没有妻子的行为，丈夫就不会喝到含毒的酒，也不会死亡”。此判决在德国引起了一定的争议，但德国最高法院

---

① Jescheck, Lehrbuch des Strafrecht, Allgemeiner Teil, S. 231.

② Engisch, Die Kausalität als Merkmal der strafrechtlichen Tatbestände, S. 53.

③ Roxmn, Strafrecht Allgemeiner Teil, S. 236 f.

④ RGSt, Bd. 1, 373.

最终还是维持了州法院的判决。

此后,德国法院再次通过经典案例对条件说进行进一步的阐释,在此案中,德国法院认为在因果关系的问题上,行为人是否能够预见损害结果的发生,以及这个损害是否具有可预见并不影响条件说的适用,具体如下:

被告和他的兄弟发生了争吵,拿起一块石头向他扔去,结果砸到了旁边经过的学生甲的头部,尽管伤口不大,但是学生甲是血友病患者,在接下来的几天因血流不止而死亡。[①]

德国最高法院认为,"学生甲死亡的原因是石块所造成的伤口。但是一个结果是否与某个具有相同特性的行为有规则的联系或者是能够普遍地联系到一起(也就是说,石块造成的伤口是否必然引起死亡的结果),却令人怀疑。但这并不是最重要的,因为根据德国最高法院的司法判例,在因果关系的问题上,在个案中被确定的两者之间的联系是在案件中起到决定性作用的"。

我们可以看出,在条件说的逻辑下,生活经验并不一定顺理成章地编排到法律惯例中,有时两者甚至是不一致的。例如,如果对案例一中的情节进行一下微调,假设死者不是死于手术中的血栓而是死于与交通事故无关的心脏病。若想确定死亡的结果与交通事故有因果关系,就必须排除所有的合理性怀疑,法官必须运用鉴定结论证明因果关系的真实存在。在本案中,死亡的结果与心脏病是否有因果关系存在疑点,这个疑点利益应该归于被告,也就是不能确定两者之间存在因果关系。如要推翻这种疑点,从而证明因果关系的真实存在,就必须证明:如果没有交通事故的存在,死者就不会如此快地死亡。1913 年在德国发生的至今仍具有意义

① RGSt,Bd. 54,349.

的一个案例就能够说明这个问题：

两个宫廷女演员，一个患有糖尿病，另一个患有皮肤癌，两人共同接受基督教祈福者的治疗，因此放弃了所有正规的治疗，最终两人因没有接受治疗而使病情恶化以致去世。如果两人接受治疗可能会多活几周，甚至1年。①

在本案中，虽然放弃治疗与两个女演员的死亡之间是否有因果关系存在一定的疑点，但是检方却证明了如果接受治疗两个女演员就不会如此快地死亡，从而确定了放弃治疗与两个女演员死亡的因果关系，并且这种证明得到了德国法院的认可。

尽管条件说在德国刑法的因果关系认定领域处于优势，但也并非没有遭到质疑。这些质疑的声音可以归结为"条件说无用论"、②"条件说错误论"③和"条件说宽松论"，④尤其是晚近出现的客观归责理论对条件说形成了有力的挑战。一般认为，20世纪70年代，罗克辛将霍尼希、恩吉施、威尔策尔三人的思想有机地结合起来，创立了真正意义上的客观归责理论。⑤ 为了解决条件说带来的弊端，在德国的刑法理论中，"通过下列三个修正来对由因果关系而建立的非常广泛的责任联系加以限制，即通过客观归责理论、构成要件的行为要素和故意和过失的要求"，⑥但是，德国法院系统仍然主要适用条件说审理刑事案件。⑦

---

① RGSt, Bd. 50, 37.

② Engisch, Die Kausalität als Merkmal der strafrechtlichen Tätbestande, S. 13.

③ Klihl, Strafrecht Allgemeiner Teil, S. 11.

④ Roxin, Strafrecht Allgemeiner Teil, S. 353.

⑤ 参见许玉秀、陈志辉编：《不移不惑献身法与正义——许迺曼教授刑事法论文选辑》，台北，公益信托春风煦日学术基金2006年版，第547页。

⑥ ［德］许迺曼：《关于客观归责》，陈志辉译，载《刑事法杂志》1998年第42期。

⑦ Katzenmeier、Arzthaftungsrecht, Neue Entwicklungslinien der BGH-Rechtsprechung Med R(2013)31:832.

在因果关系概念构建的过程中,还存在一个关键性的问题。这个问题就是“可预见性”的问题。所谓可预见性就是指行为人在实施行为时对于产生的结果提前预见的可能性,包括对于已经发生的结果——S2 的预见性和对于假设发生的结果——S4 的预见性。这个问题又是一个极具争议性的问题,因为首先“可预见性”问题是否属于“因果关系”问题的研究范畴就极具争议;另外“可预见性”问题与“因果关系”的问题是否属于平行的基础性问题,也存在着极大争议。但是人们在认定因果关系时已经在很多问题上都涉及了“可预见性”的问题,如果仍然拒绝其进入因果关系的研究范畴,无疑就是“自欺欺人”。

德意志帝国最高法院(以下简称帝国法院)曾经判决过这样一个案例:①

一个医生在诊疗时,接待了一个女性。经过诊断,医生认为这个女性得了肾脏疾病,但是最终这个女性却患上了子宫癌,不久去世。该女性的家属认为医生应该承担法律责任,就提起了诉讼。原告认为,如果被告医生当时注意到原告有可能患有子宫癌,该女子就会转院去看其他医生,那么她的病就会得到有效的治疗。②但是由于被告医生的疏忽,当她转到州妇女医院就诊时,她患有子宫癌已经不宜手术了。由于不能手术,病情逐渐恶化,不久她就离开了人世。实际上,如果医生注意到了该女子患有子宫癌,并进行告知,该女子进行必要的治疗的话,子宫癌是能够被减轻,甚至被完全治愈的。

在判决书的理由部分,法庭进行了精辟的论述:“在本案犯罪

---

① RGSt, Bd. 75, 324 ff.

② RGSt, Bd. 75, 324.

行为确定的过程中涉及了查明引起已经产生的结果的事件究竟是什么的问题，也就是被告医生的行为与涉案女子的死亡是否有因果关系的问题。本案中主审法官首先将已经发生的行为和结果与一个假设的行为和结果进行对比，即如果行为人实施了必要的行为将会发生的结果。然后在此基础上确定了'不作为的因果关系'，也就是确定了被告医生的不尽注意义务的行为与涉案女子死亡之间的因果关系。对于一个没有发生的结果以及假设它产生的过程进行一个基本正确的调查是非常困难的，甚至通过这种方式获得正确答案的概率究竟有多大也是不好说的。特别是在像本案这样的案件当中，在涉案女子患病诊治的过程中，可能存在更加难以确定的原因决定着事件的发展方向。"①

通过这个判决，帝国法院在类似案件中确立了一个审查义务，即当涉及不作为的因果关系时，必须考察假设行为人实施了"必要行为"的情况下，会发生什么样的结果。同时也指出，这种考察得出的结果也只能保证一定概率上的正确性，是否在已经发生的事实之间才存在自然科学意义上100%确定的"因果关系"是很难说的，因为人们只是根据他们知道的、预见的，甚至假设的情况来确定这种自然科学上"因果关系"的存在。至于自然科学上的因果关系，并不是法律上所明确规定承担法律责任的"必要条件"；而是人们在推测因果关系时借以检验真伪的"客观尺度"。可见，帝国法院是适用了前一章所介绍的"替换思维"的方式去解决本案当中的因果关系问题。

然而帝国法院对于因果关系问题的思考没有止步于"不作为"案件。虽然从判决的措辞上来看，帝国法院要求这种"替换思

① RGSt 75,327.

维”方式仅仅适用于“不作为”案件，而并不适用于“作为”的案件。因为在这个判决中，帝国法院说过：“因为‘不作为’的案件是对以往没有发生的事件和虚拟的结果进行因果关系的判断，所以需要采用主审法官的思考方式，即‘替换思维’”。这也就意味着“作为”的案件，就不适用该案的推理路径。所以在对已经发生的行为和结果进行因果关系鉴定的“作为”案件中，就不宜适用“替换思维”方式进行审理。[①] 但是帝国法院实际上并没有固守自己的这个观点，而是将这种“替换思维”扩充到了作为的案件当中。

帝国法院打乱了“自然意义上因果关系”和“法律意义上的因果关系”的界限，将两者进行了必要的融合适用。从“自然意义上的因果关系”的角度来说，只有在已经发生的行为和结果之中才存在因果关系的问题，也就是只有行为和结果都已经发生的作为案件中，才存在因果关系的问题，在行为并没有实际发生的不作为案件中就不存在因果关系的问题；但是从“法律意义上的因果关系”的角度来说，无论是在“作为”案件中，还是在“不作为”案件中都可以通过“替换思维”解决。也就是无论是针对“作为”案件中已经发生的行为和结果，还是针对“不作为”案件中没有发生的行为和结果，都可以采用“假设某种行为和结果发生”的思维方式进行审判。

假设本案的涉案女子是由于被告医生对其直接治疗手段不当而死亡。无疑我们将会把被告医生的行为视为“作为”，并考察这个“作为”行为与涉案女子的死亡是否存在因果关系。但是仅仅根据“涉案女子死亡，被告医生的治疗行为发生在其死亡之前”的

---

① Androulakis, Studien zur Problematik der unechten Unterlassungsdelikte, S. 92; Schmidt, Der Arzt im Strafrecht, S. 87.

事实,是不能确定两者之间的因果关系的。在因果关系的确定上,真正具有决定意义的是,被告医生是否可以选择其他行为,从而涉案女子就不会死亡。值得注意的是,这种将已经真实发生的事实与假设发生的事实进行对比的“替换思维”方式是我们之前在“不作为”案件中所使用的思维方式,这一次我们将其适用到了“作为”的案件中。在这种“作为”的案件中采用“替换思维”方式,与在“不作为”案件中采用“替换思维”相比并不容易。因为我们不知道,如果被告医生没有实施不当的治疗行为,涉案女子是否还会死于癌症。帝国法院在“不作为”案件中就已经注意到,这个问题在“作为”案件中仍然值得关注。在原本的案件中,帝国法院曾经说过:“被告医生能够实施其他治疗行为,从而使涉案女子不至于死于子宫癌的假设仅仅是‘接近’于正确答案。在本案中很可能还存在其他更难以确定的原因决定着案件的走向。”在“作为”案件中,帝国法院的这段论述仍然有效,被告医生能够实施其他的治疗行为,从而使涉案女子不至于死于“不当治疗”仅仅是一个相比之下更为接近真相的答案。在本案当中也可能存在更为难以确定的原因,导致了涉案女子的死亡。当然在“不作为”案件中,采用这种将现实发生的行为和结果与假设发生的行为和结果进行对比的方式更加容易让人理解,在“作为”案件中就相对困难一些。因此帝国法院认为,在“作为”案件中应该采用相对于“不作为”案件更为有利的方式去理解因果关系的问题。

如果我们将“不作为”定义为一种消极的行为,一种错误的行为,或者是一种消极的“不存在”,却不采用“替换思维”来分析它,那么只能说这种思考在任务目标上是构想宏大、有魄力的并是里程碑式的,但从其产生的结果上来看,却是不尽如人意的、效果不佳的。通过我们用“替换思维”的方式来思考“不作为”的因果关系问题，事实证明没有任何的问题。这主要体现在两个方面：

一方面，这种以"替换思维"来确定"不作为"因果关系的认定方式体现了其强大的体系力量。它不仅决定了"因果关系"的结构，而且也决定了"不作为"的结构。如果人们用"替换思维"去思考"不作为"的因果关系问题，这种特别的因果关系形式其实根本不存在任何特别的法律和哲学问题。

另一方面，这种以"替换思维"来确定"不作为"的因果关系认定方式具有强烈的问题意识，恰恰针对了最具争议性的领域——不作为因果关系领域。长期以来即使像"事实"这样的基础性的概念，在因果关系领域都没出现一个有价值的研究。人们长期关注不作为因果关系这样复杂的问题，导致对一些基础性问题研究存在严重缺失。[①] 关于"不作为"因果关系问题的争论至今已有100 多年的历史。[②] 在这个百年争论中，无论是学者的论证、提出的观点，还是这些观点取得的效果，都具有某种程度"偶然性"的特点。[③] 这些讨论对于"替换思维"来说具有一定的负面示范作用。因为在常年的理论争论中，虽然观点形成了多样性的局面，但是却丢失了对于最基础性的东西的探讨和对事物内在具有恒定性的基本规律的深入研究。直到现在，在关于"不作为"因果关系的争论中，各种习惯性的用语还在疯涨，但是这些争论却始终没有触及"不作为"因果关系内在的联系和本质的规律。而"替换思维"理论就是一个既具有强烈的问题意识，又注重探寻事物本质的系统性的因果关系认定理论。

---

① Maurach, Das deutsche Strafrecht, S. 500.

② Schmidt, Lehrbuch des deutschen Strafrechts, S. 171; Maurach, Deutsches Strafrecht, Allgemeiner Teil, S. 500.

③ Schmidt, Bemerkungen zu dem gleichnamige Buch von Mokrimbiol, S. 426.

第二节　德国民法上的因果关系认定标准

在德国民法领域占统治地位的因果关系学说是相当因果关系说，也就是确定相当的因果关系。该学说是由德国心理学家冯·克利斯在1888年发表的《论客观可能性的概念》一文中确立的。[①] 此后经过德国法学家特拉格尔的修正得以完善。特拉格尔认为，所谓相当的原因乃为依据人类所掌握的全部知识所确定的将损害发生的可能性提高到足以引起注意的地步的必要条件。[②] 在充分原因判断时有必要兼顾行为人于行为时对具体形势的实际认知，及相同条件下一个观察细微者对具体形势所应具备的认知。该理论首先以刑法上占统治地位的条件说为出发点，加害者只有在其能够预见损害结果的发生时，才承担相应的责任。换句话说，如果损害行为与损害结果之间仅仅是一种偶然的联系，而不是必然的结果，损害行为和损害结果之间就不存在因果关系。[③] 同时，该学说强调最终导致加害者承担责任的原因一定得是根据生活经验值得在法律上考虑的原因。而帝国法院于1902年即采纳了该理论。[④] 德国联邦最高法院在1951年10月23日所作的判决中对相当因果关系作了进一步的表述：如果一个事件总体上明显地提高了与案中发生的后果的同类后果出现的客观可能性，则该事件

---

① 王旸：《侵权行为法上因果关系理论研究》，载梁慧星主编：《民商法论丛》（第11卷），法律出版社1999年版，第511页。

② Träger, Der Kausalbegriff im Straf-und Zivilrecht, S. 78.

③ Palandt, Vorbemerkung, § 42, 5b, aa.

④ RG, 50, 222.

就是结果的相当条件。在考量可能性的时候,德国法院认为只需考察两个因素,第一,"最优观察者"在事件发生时所能够观察到的一切;第二,超越行为人认知之外的其他情势。[①]

一、相当因果关系说的运用

值得注意的是,由于在民法上很多领域存在无过错责任,所以,刑法上在确定加害人主观过错时的限制,在民法上并不一定适用。为了说明这一点,让我们再来看看刑法中的案例,假设案情发生了一些变化,看看如何进行因果关系的认定:

由于不可以归责于任何人的原因,汽车轮胎发生爆胎,结果导致交通事故,事故中造成了伤者大腿骨折。

假设一:伤者死于手术中的肺部血栓。

在这种情况下,无论是刑法上还是民法上交通肇事行为与死亡的结果都存在因果关系。按照德国刑法上的条件说,交通肇事者应该承担相应的责任。首先,肇事者对于发生交通事故有主观上的预判性,从而存在主观上的过错;其次,在客观上因果关系的链条也已经形成,汽车爆胎发生交通事故,因为交通事故造成大腿骨折,因为大腿骨折进行手术,因为手术而造成肺部血栓,进而造成受害人死亡。同时,根据德国民法上的相当因果关系说,交通肇事者也应该承担相应的责任。首先,在民法领域是否存在主观过错不属于确定因果关系时的考虑范畴;其次,在客观方面交通肇事行为与伤者因肺部血栓死亡之间的因果联系也是相当的。

---

① BGHZ, Bd. 36, 286.

假设二：伤者死于麻醉师轻微的过错。

在这种情况下，交通肇事行为和伤者的死亡的因果关系也是被刑法和民法上的因果关系学说所肯定的。其推理过程与假设一相同。

假设三：交通事故后，伤者在住院治疗期间发现了其他疾病，在治疗过程中因医疗事故死亡。

在这种情况下，根据"纯粹条件说"的理论，交通事故和伤者的死亡是存在因果关系的，但在刑法上由于主观上没有过错，肇事者不承担刑事责任，而在民法上，却必须承担民事责任，因为在民法上根据"企业危险"观点，机动车驾驶人承担的是无过错责任。笔者认为，这样的责任范围可以说不是特别合理的，超出了人们的认知范畴，使人们很难理解，所以德国法院也通过相当因果关系说对法官赋予的自由裁量权对类似案件进行了系统内部的微调。关于这个问题，让我们来看看接下来的案例：

在一场交通事故中伤者因伤进行剖腹手术，手术中发现了一个非交通事故引起的回肠远端憩室，并将其摘除，术后伤者死于伤口缝合处的内折。①

最终，法庭确定本案的交通肇事者不承担责任。

由此我们可以看出，相当因果关系说并不是一个纯粹的关于因果关系的理论，更确切地说，它是根据因果关系确定一个承担责任的界限，然后由法官来确定在这个界限内怎么承担责任显得更合理一些。②

就拿先前刑法部分所举的案例来说，该案例是这样的："某案

① BGHZ, Bd. 25, 86.

② Ksamer, JZ 76, S. 346.

的被告人和他的兄弟发生了争吵,拿起一块石头向他扔去,结果砸到了旁边经过的学生甲的头部,尽管伤口不大,但是学生甲是血友病患者,在接下来的几天血流不止而死亡。”如果仅仅根据概率来判断适当性,扔石头的人承担法律责任是不合理的。但根据责任的可预期性的观点来看,加害人承担责任是合理的。因为在当时的情况下,扔石头的人一定能够预期到他的行为将会对某人造成伤害,这个人可能是目标人物,也可能是某个经过的路人。从结果上看,无论是伤害到了目标人物,还是伤害到了某个经过的路人,由扔石头的人来承担相应的法律责任都是正当的。由此可见,本案因果关系的确定过程就是一个价值评价过程,评价的标准就是刑法部分所提及的“风险性提高”理论和“保护受害者”标准。

为了说明相当因果关系说中“相当性”的问题,让我们看下面这个案例:

原告右髋部脱臼,而家庭医生却按照风湿病进行治疗。此后原告又到医院进行检查,医生确诊为脱臼,从而进行了复位治疗,在治疗过程中由于没有听取第一个医生的诊断,结果治疗失败,原告因此要求第一个对其进行治疗的家庭医生赔偿。①

本案一审由德国职业法庭审理,法庭认为:第一个医生是不可能预见到第二个医生的错误治疗的。因此其诊疗失误与患者的伤害之间的因果联系,不具有适当性,因此不作为法律上的因果关系予以考虑。

德国高等法院审理了本案的二审,并认为:根据一般人的习惯和经验,可以看出,在这个案件中,医生在治疗过程中发生了一些错误,其中有些错误不是人力可以避免的,但也有一些错误却是可

① RGZ,Bd. 102,230.

以归责于医生本人的过错。因为第一个医生的失误而使第二个医生介入,第二个医生意外的失误是第一个医生最初的失误合理引起的。但是第二个医生也违反了医生的守则和经验,置第一个医生的诊断于不顾,在整个医疗过程中在很大程度上没有尽到认真和理性治疗的义务。这种导致危害结果发生的、非常的、重大的失误,将被法庭予以考虑。最终德国高等法院维持了一审法院的判决。

由上述案例可看出,德国法院在运用相当因果关系说对于“可预见性”还是给予必要的考察的,这一点在“退休神经症”与工伤事故之间因果关系确定的案例中体现得尤为明显。在这类案件中,德国高等法院确定了工伤事故、“退休神经症”和由此发生的损害之间的因果关系。① 而德国联邦最高法院却否定了它们之间的因果关系,理由是:一个损害赔偿要求最终却导致了一个不合理的事件处理,这是与损害赔偿设立的初衷不相符的。②

让我们再通过一个判例进一步理解相当因果关系说在德国的运用:

1920 年 1 月 2 日,本案原告的丈夫正从一辆有轨电车上下来的时候,被一名警察开枪打伤了手臂,当时该警察正在追捕逃犯。随后,受害人被送到了医院,在医院医治过程中,该男子感染流行性感冒,据说当时当地正在流行此种感冒,前来该医院的就诊人数也比较多,3 月 18 日该男子死于胸口化脓,经鉴定是由于该流行性感冒所导致。

此后受害人的妻子提起了诉讼,地方法院支持了她的诉讼请

① RGZ,Bd,159,257.

② BGH in VersR 76,283.

求，但上诉法院又完全驳回了她的诉讼请求。此后她请求重审案件，并最终获得胜诉。

德国最高法院审理此案时指出，上诉法院与地方法院审理此案时的共同观点是，警察开枪射中原告丈夫的行为是存在违法性的，根据德国公法规定，警察在执行职务过程中应该有高度的审慎性，而本案的警察显然没有做到这一点，因此违背了德国公法上的一项义务。然而，虽然在这一点上两者保持一致，但是不同的是，上诉法院确认为射击行为与受害人死亡之间并不具有法律上的因果关系。因为上诉法院认为，受害人因流行性感冒死亡的结果仅仅是一个偶然的事件，其与受害人入住医院之间并没有大概率的引起与被引起的关系；另外上诉法院认为，当时造成受害人死亡的流行性感冒在德国已经大肆流行，任何人在任何地点都有可能感染上该种流行性感冒，因此，在医院受害人感染到了该种流行性感冒并不值得给予特殊的关注，因此受害人到医院和其感染流行性感冒没有法律上的因果关系；进而，上诉法院还认为，在医院之外人们感染流行性感冒的概率甚至会大于在医院，因为医院里有更好的医疗卫生设施、消毒设备、消毒行为和持续不断的治疗，会降低感染的风险。

笔者不同意上诉法院的这种观点，并进而认为，受害人的死亡与警察违法射击的行为之间是存在法律上的因果关系的。因为，首先，在医学上两者的因果关系是毋庸置疑的。在本案中，如果警察没有违法射击，就不会击中受害者，受害人也就不用去医院就诊，也就不会感染上流行性感冒，也就不会因胸口化脓而死。其次，在概率上，虽然当时在德国大肆流行感冒，受害人在街上同样可能感染上流行性感冒，但是在医院这种流行性感冒感染者“扎堆”的地方，显然受害人是更容易感染上流行性感冒的，因为从空间和人数的比例上，医院的流行性感冒的感染者的集中度是相当高的，因此警察的行为实际上是使受害人处于了感染流行性感冒的高危境地，两者之间的因果关系在法律上也是不可否认的。最终德国最高法院也是支持了地方法院的观点，肯定了警察违法射击行为与受害人死亡之间的因果关系。

二、相当因果关系说的证明

在相当因果关系说的领域，证明问题被分为两个层次。第一个层次是损害行为和“第一损害”之间的因果关系证明（就像在案例一到案例三中的事故与大腿骨折的因果关系），在德国又被称为“基础责任因果关系”下的证明；第二个层次是损害行为和“结果损害”之间因果关系的证明（也就是案例一到案例三中的因为血栓和麻醉事故造成的死亡结果），在德国又被称为“完全责任因果关系”下的证明。它们两者的区别就在于举证责任的不同。“基础责任的因果关系”概念下的证明由加害人负责，“完全责任的因果关系”概念下的证明由受害者负责。如果加害者与“第一损害”之间的因果关系具有高度的可能性，受害者就自己的“结果损害”的举证责任可以被免除，法庭可以根据自由心证确定“结果损害”。[1]

第二层次因果关系证明责任的免除对于案件因果关系的确定具有一定的现实意义。例如，假设案例一中受害人不是死于血栓而是死于不是事故引起的心脏病，这时，死亡和伤害究竟哪一个是车祸引起的结果是很难确定的，因为详细地确定和证明一个在没有事故的情况下可能发生的情况是非常困难的，有鉴于此，法律规

---

① RGZ, Bd. 155, 40; BGH in NJW58, 1579.

定，只要对特定情况有高度的确信，就可以免除证明责任。由此可见，交通事故与第一伤害之间必须有高度的可能性，才能确定因果关系的存在；而结果损害只需要法官的自由心证。第二层次因果关系的证明过程中经常会出现一个问题，就是同时确定与事故无关的疾病造成的损害的问题。见以下案例：

原告是一名烟囱清扫工，几年前患上了关节变形症，后在清扫烟囱的过程中出现了事故，在接下来的两年中原告都出现了关节炎的症状，也因此不能继续穿行烟囱，从而丧失了劳动能力。在关节炎渐渐好转后，原告仍然不能继续工作，因为，在此期间，原告又患上了骨关节炎，就此原告要求赔偿其丧失劳动能力后的所有损失，当然包括患关节炎期间的损失。①

在本案中，医学鉴定人发挥了重要的作用，鉴定人确定，原告工作能力丧失的结果最初是50%，之后是75%，与事故无关，因为骨关节炎在某种程度加重了事故的损害结果。这种百分比式的责任分配方式在刑法上和民法上都是比较少见的，因此也在德国法学界引起了一些争议。因为在民法上没有主要原因和次要原因的概念，也就不存在骨关节炎加重了事故损害结果的问题。只有当法庭根据自由心证确定在没有事故的情况下受害者将保持工作能力时，才能确定丧失劳动能力的结果与事故之间存在因果关系。如果事故发生前的骨关节疾病在没有事故的情况下也可能造成劳动能力丧失的话，事故与损害结果之间的因果关系就不能被确定。

本案的鉴定人在判断未来有可能产生的其他病症的过程中，进一步提出在接下来的冬天感冒和关节炎可能被诱发，但这些病症是与事故无关的“遗留原因”造成的。但德国高等法院最终没

---

① RGZ, Bd. 169, 117.

有采纳这种观点，并认为在本案中只要骨关节炎这种病症损害了生存能力，其就具有意义。关于这个问题是充满争议的。① 对于鉴定人来说，只要提出“遗留原因”并将其确定就已经足够了，接下来就由法庭进行判断。

“二战”之后，德国民法领域因果关系认定的理论出现了一些明显的变化。在反思德国于“二战”中侵犯人权的罪行，避免“恶法亦法”的大背景下，一些法学学者也开始反思民法上的因果关系的认定标准，“法规目的说”就是在这样的大背景下应运而生的。该说最早由德国法学家拉贝尔所提出。② 该理论认为，在确定法律上的因果关系时，除了应该考虑法律规范的文义之外，还应该考虑该条法律规范所保护的范围和目的。《德国民法典》第 823 条第 2 款也规定，行为人是否承担损害赔偿的义务首先取决于相关法律是否提供保护、受害人是否属于该法律所保护的范围。在德国司法实践中，法官也开始兼用相当因果关系理论和规范目的理论。

---

① Palandt, Vorbemerkung, § 249.

② E. Rebel, Recht des Warenkaufs, S. 495 ff.

第四章　德国保险领域因果关系认定标准解析

第一节　德国私人事故保险中因果关系认定标准

德国的私人保险主要在《德国通用事故保险条款》中加以规定。《德国通用事故保险条款》（以下简称 AUB）和银行、商人和企业的商事条款一样，都属于私人保险中的商事条款，它的法律渊源主要是《德国保险合同法》、《德国民法典》和 1980 年的《一般商业条款权利规则》。

私人事故保险是一种古老的保险类型，16 世纪的基于船舶所有人的"船长险"就是它的前身，[①]此后又出现了"矿工险"和"协会险"，这些为私人保险的产生奠定了基础。直到 20 世纪中

---

① Ernst Möller, VVG-Großkommentar zum Versicherungs-Vertragsgesetz, S. 179.

叶，随着《财产保险规则》的问世，私人事故保险得到了正式确立，并取得了极大的成就。此后，随着工业的不断繁荣和企业遭遇事故的工人的增多，催生了“集体事故保险”，它使企业从工人的损害赔偿之中摆脱了出来。同时，随着“强制保险”的建立，私人事故保险逐渐式微。

从法学的视角，私人事故保险本应属于传统民法范畴，但鉴于私人事故保险合同不同于传统民事合同形态，以至于出现了一些不同于传统民法问题的新问题，也促使 AUB 作出了一些不同于传统民法的规定。例如，在私人事故保险中，“损害”必须是由“事故”引起的，但什么是“事故”在德国传统民法领域是没有法律上明确的定义的。针对这一问题，AUB 给“事故”作出了明确的定义，AUB 规定：“事故就是被保险人因为一个突然的外部力量作用于身体而遭受损失的状态。”①即便如此，确定一个伤害结果是否为一个 AUB 意义上的“事故”也绝非易事，尤其是在溺水和窒息引起的死亡事件中。因为，如果一个死亡的结果被确定为“事故”，这个结果必须是由外力引起的，而且还必须考察身体内部的机体活动在多大程度上导致死亡这个结果，这无论是在医学上还是法学领域都相当复杂。此外，与传统民法规定不同，AUB 还包括了一系列的排除和肯定条款，例如，AUB 规定：“对于特定范围的用力不当造成的损害，也给予保险赔偿。”②也就是说，在特定情况下，即使被保险人自身有一定的错误，保险公司也应该给予赔付，这就在法学理论层面和制度层面，突破了传统的民法领域的过错原则。

---

① Allgemeinen Unfallversicherungs-Bedingungen(AUB), §2. Abs. 1.

② AUB §2. Abs. 2.

鉴于私人事故保险的特殊性,如何为其选择合适的因果关系理论,以及确立相应的因果关系认定制度,曾经是德国法学界及司法界非常棘手的问题。在 AUB 出现之前,在德国占统治地位的因果关系认定理论,在刑法中是条件说,在民法上是相当因果关系说。这两个学说的共同特点是,在确定一个事件是否为引起某种损害结果发生的原因时,采用"非此即彼"的逻辑思维,即要么这个事件就是百分之百的原因,要么就不是原因。然而 AUB 却另辟蹊径,给出了一个"部分原因"的概念,也就是将原因"比例化",对于与结果的发生有引起和被引起关系的各个事件,根据案情分别赋予相应的百分比,然后按照这个百分比确定相应的责任,这就弥补了条件说和相当因果关系说在认定私人保险事故中因果关系的不足。传统刑法领域的条件说或等值说在认定因果关系时范围太广,①实际上该理论无法适用到如下案件中:共同侵权、医疗事故中的侵权等。② 我国台湾地区学者江朝国认为,"按照条件说,保险损害之发生虽与各个条件均存在一定的联系,但以此认定具有法律效果关系之标准,显然过于松散,和保险契约所定者皆以一般事物之道理为标准不合,实不足采"。③ 具言之,当事人双方在签订保险合同时,已经约定了保险责任的承担情形,那么除非被保险人故意造成保险事故的特殊情况,被保险人是否有主观过错并不是保险责任承担的必要条件,因此,条件说是不适合应用到保险法领域的。不仅如此,若适用条件说或等值说,则无法正确地区分责任

---

① Lange, Schadensersatz, S. 31; Larenz, Schuldrecht, S. 13; Esser, Schuldrecht, S. 311; Brox, Schuldrecht, S. 327.

② 参见朱岩:《当代德国侵权法上因果关系理论和实务中的主要问题》,载《法学家》2004 年第 6 期。

③ 参见江朝国:《保险法基础理论》,台北,瑞兴图书股份有限公司 1995 年版,第 350 页。

成立的因果关系和责任赔偿的因果关系，前者涉及行为人的行为与侵害后果之间是否具有侵权法上的法律因果关系，而后者旨在确定损害赔偿的范围。[①] 当然，有的学者认为，在某些具体情况下很难严格区分上述两种因果关系，[②]前者是讨论后者的理论前提，后者是前者法律上的必然结果。有鉴于此，有些学者试图通过“不法”和“过错”的要件来限制条件说或等值说所可能造成的责任范围过广的弊端，[③]随后德国民法学者基本接受了该观点。[④] 尽管这一原则在一定程度上弥补了条件说或等值说的不足，但是，在确定具体赔偿范围时，其可能令加害人承担的损害后果无限制扩大，因此，德国学者在条件说或等值说的基础上，又创造了相当因果关系理论、规范目的理论和危险范围理论等因果关系认定理论。

如前所述，德国的民法领域主要适用的是相当因果关系理论，自 1902 年起帝国法院在审理案件的过程中就开始采用此理论，[⑤]帝国法院认为，确定相当因果关系的依据在于导致损害赔偿的行为应该是通常可以引起结果发生的行为，而不是在特殊的、极端的、在正常的发展过程中不予考虑的情况下引起结果发生的行为。[⑥] 关于相当因果关系理论的表述，存在积极和消极的两种表述方式：从积极的方面说，如果事件通常可以引发所发生的后果，或者事件至少严重提高了出现损害后果的可能性，就可以被确定

---

① Lange, Schadensersatz, S. 33.

② Sourlas, Adäquanztheorie and Normzwecklehre bei der Begründung der Haftung, S. 823.

③ Träger, Der Kausalbegriff im Straf und Zivilrecht, S. 219.

④ Lorenz, Die Einbeziehung Dritter in vertragliche Schuldverhältnisse, *Juristenzeitung* 1960, SS. 108 – 114.

⑤ Brox, Schuldrecht, S. 328.

⑥ Ulrich, Kausalzusammenhang und Normzweck im Deliktsrecht, *Juristenzeitung*, 1969, S. 755.

为原因；[①]从消极的方面来说，依据某些条件性质，如果只有将该条件与某些特殊的非正常的情况联系在一起才可能引发后果，则该条件可以被排除在损害后果原因之外。[②] 依据相当因果关系理论，原因是否就后果而言是相当的，关键在于该原因是否表现为通常形态，而不是特殊性质的、不可能的、依据事情正常发展不予考虑的。[③] 我国台湾地区学者王泽鉴先生将相当因果关系解构为两个方面，即"条件性"和"相当性"，并认为在适用该说时应分为两个阶段：第一个阶段是审究条件上的因果关系；如答案为肯定，则于第二阶段认定条件的相当性。[④] 但是，也有学者对于相当因果关系理论提出了不同意见，[⑤]认为相当因果关系就限制责任无法提供有效的标准，其本身包含了太多主观评判因素，其所主张的因果关系并不限于自然世界中的因果关系概念，是非客观的，所以，应该摒弃这种因果关系理论。

鉴于刑法和民法领域的因果关系理论不能有效地适用到私人事故保险领域，德国私人事故保险领域便确立了"比例化"的因果关系理论，基于这一理论，AUB 相应作出规定："如果疾病和身体缺陷与事故同时对损害结果发生作用，而且其作用比例占 25% 以上，赔偿金将会根据疾病或者身体缺陷的比例而减少。"[⑥]尽管有这样明确的规定，但是在死亡事故中也依然充满争议。[⑦] 在这类

---

① Ernst, Das Problem des Kausalzusammenhangs im Privatrecht, S. 5.

② Roland, Münchener Kommentar zum Bürgerlichen Gesetzbuch, Band2, S. 328.

③ 参见朱岩：《当代德国侵权法上因果关系理论和实务中的主要问题》，载《法学家》2004 年第 6 期。

④ 参见王泽鉴：《侵权行为法》（第 1 册），中国政法大学出版社 2001 年版，第 191 页。

⑤ Maximilian, Deliktsrecht, S. 75.

⑥ AUB §10 Abs. 1

⑦ Ernst, Möller. VVG-Großkommentar zum Versicherungsvertragsgesetz, S. 185.

案件中，百分比该如何确定也实非易事，见以下案例：

一个患有严重心脏病的被保险人因为一次惊吓而死亡。当时他正开着一辆大客车，这辆车的挡风玻璃突然爆炸，他受到惊吓，进而死亡。[1]

只有心脏病和挡风玻璃同时起作用，才会造成死亡的结果，两个条件共同作用引起了死亡的发生。这种情况下，给两个原因赋予相应的百分比确实很难，或许根据科学统计的寿命事先确定清晰的保险合同条款才是更可取的办法。

又如以下案例：

受害人先前就患有边际血管阻塞，又因事故发生胫骨骨折，由于流血不畅骨折没有痊愈，进而导致坏疽，最终被截肢。

本案中，事故发生前血管疾病造成了多少损害比例并不是决定性的，它可能是 30% 左右。重要的是在事故发生之后，先前疾病在多大程度上起作用。最终，伤害的比例被确定为 50% 对 50%。[2] 这种"比例化"的因果关系确定方式，极大地提高了因果关系确定的精确性，将因果关系的认定从以往的哲学化的定性分析转化为了数学式的定量分析，不但提高了实践中因果关系认定的精确度，也避免了非此即彼的"一刀切"式的因果关系认定方式。

由此可见，在德国的私人事故保险领域，因果关系的认定标准经历了一个由笼统到精致的过程，在这一过程中，引起结果的原因逐渐变得具有了可分性，并进而衍生出了"比例化"的因果关系认定标准。在德国，法学界一般认为只有这样才能更加精准地确定

---

① Mathias, Das allegemeine Lebensrisiko, S. 38.

② Wargner, Herget, Goethe, Das ärztlicheGutachten im Versichemngswesen, S. 267.

因果关系。当然,在实践中这就需要法医学家、医学家和科学家为此作出巨大的努力,来精确地确定每一个存在先前疾病的案例中的因果关系的比例,从而为司法实践提供审判的标准。

第二节　德国法定事故保险中的因果关系认定标准

一、德国法定事故保险因果关系认定基础标准

法律上的因果关系以这样的一个假设为出发点,即事先存在一个科学确定的因果关系概念。这其实也不一定是科学的,因为因果关系的确定过程不是全面澄清事实,而只是找出案件发生时具有法律意义的原因。所以,其具有两部分内容:首先是确定所有对结果发生有影响的因素;其次是在众多因素中,确定具有法律上意义的原因。

如前所述,在民法中,德国主要适用相当因果关系理论来确定因果关系。根据这个学说,只要一个原因引起了最终结果的发生,并且这种引起与被引起的关系是适当的,那么就可以确定两者之间具有法律上的因果关系。例如,如果确定在理论上一个头部的挫伤能够导致持续的头部疼痛,那么在具体案件中这样的因果关系就会被确定,不会再针对个案进行个别的检验。

而在德国社会法中,有着不同于民法和刑法的因果关系认定标准。由于德国社会法上的因果关系认定主要发生在“法定事故保险”领域。法定事故保险是与私人事故保险相对应的概念,它是德国法律规定必须缴纳的保险,而私人事故保险是自愿缴纳的保险。德国的法定事故保险法领域对民法上的相当因果关系理论进行了必要的调整,形成了“本质条件”论或者说是“个别条件”论。

这一理论与相当因果关系理论不同,它不以通常的经验来判断因果关系的存在;而是根据正在处理的案件中的具体情况来判定损害的结果是否为某一个事件所引起。根据这一理论,每一个案件都根据下列标准判断因果关系:无论通常情况下某一条件是否会引起某一伤害,只看在这个案件中这个条件是否会引起伤害的发生。[①] 也就是说,因果关系的有无关键看在特定案件中,某一条件是否与损害结果之间存在特殊联系,并且作为本质的条件引起了损害结果的发生。在一个存在多个条件的案例中,只有本质条件才具有法律上的意义,所谓本质条件就是能够作为已经发生的损害的先决条件的条件。[②] 确立某个条件为本质条件,首先这个条件必须已经在科学上证明了通常情况下能够引起特定损害结果发生,如果这一点被排除,那么接下来的证明就没有必要了。如果证明,在科学上某个条件确实通常引起某一个结果发生,这时也不意味着两者之间就一定存在因果关系。若想证明两者之间存在因果关系,就必须进一步证明两者之间在特定案件中也同样存在引起与被引起的关系。[③]

法定事故保险领域的因果关系认定理论的确立,有着自身的学术演进脉络。第二次世界大战以前,相当因果关系理论尽管受到了一定的批评,但在民法领域一直占据着统治地位,"二战"后,一些学者认为相当因果关系理论已经日渐显示出缺陷;同时,德国法院对于相当性标准的判断也过于宽泛,以致相当因果关系理论

---

① Arnold, Wolfgang, Sozialrecht, S. 261.

② Wölk, Ulrich, Kausalitätsbeurteilung im Sozialrecht, Trauma und Berufskrankheit, 2008, S. 283.

③ Bundessozialgericht, Psychische Störung als Unfallfolge nur anerkannt bei Diagnose nach international anerkanntem Diagnosesystem, Bundessozialgericht-Urteil, 2006, S. 131.

无法达到限制责任范围的目的。20 世纪 40 年代,德国法学家恩斯特·拉贝尔提出了“法规目的说”,后该说于 20 世纪 60 年代经其弟子冯·凯默勒尔加以发展,现已成为德国通说。[1] 法规目的说在批判相当因果关系说的基础上发展形成,试图在方法论上以基础的归责标准来取代相当性标准。该理论的特点在于:其一,归责独立于相当因果关系学说;其二,在某些情况下,基于规范的目的可以将一些完全少见的、非典型的风险事件视为相当因果关系中的原因。[2] 此外,该说认为,每一个法律义务均保护一定的利益,故仅在保护范围内的利益遭受了损害才能归责,如果损害超出了被法规保护的范围,就不存在赔偿。法规目的说的目的是用于对援引成文法规请求赔偿的诉讼加以控制,倾向于缩小责任范围。法规目的说得以很好的运用,需要通过规范的目的论加以解释,对法规保护的主体范围、法益范围、法规反对的致害方式等一一进行解释,并结合个案作出具体判断。[3] 可以看出,德国法定保险的因果关系认定已经摆脱了个人主义或者说个人经验化的相对因果关系理论,而蜕变为了具有更强的法律目的或者说法律经验化的法规目的说。促成德国法定事故保险这种选择的原因就是其自身强烈的目的性,《德国基本法》(宪法)中规定:“德国是一个民主的、社会的联邦国家。”这里的“社会的”指的就是社会福利,国家有责任保证人民在遇到各种社会风险(如年老、疾病、失业、工伤)时不至于在经济上陷于困境,为此,德国制定了许多“社会的”法律,这

---

① 参见王泽鉴:《侵权行为法》(第 1 册),中国政法大学出版社 2001 年版,第 221 页。

② Hermann Lange, Adäquanztheorie, Rechtswidrigkeitszusammenhang, Schutzzwecklehre und selbständige Zurechnungsmomente, Juristenzeitung, 1976, S. 200.

③ 叶金强:《相当因果关系理论的展开》,载《中国法学》2008 年第 1 期。

些法律都带有鲜明的目的性,也就是保障社会上“需要帮助的人”。法定事故保险作为社会法的一部分,也带有这一特征,正是这种极强的目的性使其在选择因果关系认定标准时,不可避免地选择了法规目的说这一理论,因为只有这一理论才能保证其目的得以顺利实现。无论当时民法上的相当因果关系说还是私人事故保险领域的比例因果关系说,它们都很难保证在因果关系的认定过程中,顺理成章地实现法定保险的目的,也就是保护接近“弱势群体”这一概念的群体的利益。加之法定事故保险产生之时正值德国因果关系理论的越发成熟之际(已基本上形成了相当因果关系理论向法规目的说的转变),所以,一开始法定事故保险就确立了法规目的说的因果关系检验标准。基于这一理论,法定事故保险领域形成了具有自身特点的因果关系认定标准。在法定事故保险中仅仅针对工伤事故或因企业工作环境引起的事故给予赔偿。如果企业的行为仅仅是作为一个次要的原因,而先前存在的某种损伤是本质原因,根据法定事故保险的规定,就不给予赔偿。

如果一种疾病必须被确定有可能是在实施企业行为的环境中被诱发,就需要考虑它是不是一个工伤事故。判断工伤事故是否存在的标准就是:在没有企业行为的情况下,在这样的时间,这样类型的损害是否可能发生。[①] 如果没有企业的行为的存在,这种损害也会发生,那么就不存在工伤事故的问题;相反,如果没有企业行为的存在,就不会发生相应的损害,那么就可以断定工伤事故的存在。

如果一个损害能定义为“事故”,同时其发生还和企业相联系,那么就可以被定义为“工伤事故”。“事故”的内涵可以参照

---

① Lauterbach, Unfallversicherung, S. 24.

AUB 中的相关规定进行确认;“事故”的时间边界是,作为“事故”的事件发生在规定的工作时间内。

问题仍然是在“责任因果关系”检验中“损害组”和“先前缺陷”的问题。具言之,在以确定责任为目的的因果关系检验中,存在多个损害事件,同时伤者还患有某种疾病的情况下,该如何确定因果关系,进而明确责任的问题。如前所述,在德国,这个问题基本上已经通过“本质条件”和“偶然条件”的概念得以解决,在长期的司法实践中,以下标准被进一步确立:如果直到事故发生时,病灶仍处于潜伏状态而没有明显的病变或者有病变但是没有明显减损生存能力的,这样的“先前缺陷”是不予考虑的。就以私人事故保险部分讨论过的案例为例,假设:

伤者存在边际血管阻塞,因工伤事故胫骨骨折,后又坏疽,最终截肢。

本案中,如果直到事故发生时血管阻塞症并没有减少生存能力,伤者将按照工伤事故获得赔偿,仅仅构成“事故”的胫骨骨折才是本质的原因,也是法律上考虑的造成损害的原因,因为没有证据表明,在没有胫骨骨折的情况下,血管阻塞能够发展成为疾病或者减损受害者的生存能力。与此相反,如果血管阻塞已经损害了20%的生存能力,事故发生后其与胫骨骨折又共同造成了40%的生存能力损害,在这里加重损害的部分不能获得赔偿。

另外,与私人事故保险不同,在法定事故保险中,不问“先前缺陷”是否加重了损害结果,而只看其是否对结果的发生起到了共同作用,这种“共同作用”有可能大于也有可能小于“加重损害”,但只要其起到了共同作用就可以认定为本质条件。那些至少缩短了1年寿命的事件在死亡事故中也将被确定为本质条件,但这个在法定保险中根据统计数据确立的标准,并没有在私人事故保险领域得到确认。可见,在法定事故保险中,当先前疾病与企业事故并存时,并不必然被确定为引起某种损害结果发生的原因,而只有在企业事故发生时,先前疾病也起了作用,而且是达到一定程度的作用的情况下,先前疾病与损害结果之间的因果关系才被确定。而在私人事故保险中却并非如此,在私人事故保险中,只要有先前疾病的存在,就要对其进行定量分析,确定其在多大程度上影响了人体健康的百分比,进而确定其在保险事故的因果关系中起了多少比例的作用,以确定相应的赔偿责任。

在法定事故保险中,关于“遗留原因”的问题没有像私人事故保险那样复杂,而是被简单地解决了。假如一个工伤事故导致了劳动者丧失劳动能力,劳动保险部门就应该履行赔付义务,直到丧失劳动能力的情况消失,无论是否发生了同样能够导致丧失劳动能力的事件。如以下案例:

一个下肢瘫痪的病人,几年后又患上了癌症,癌症同样可以导致丧失劳动能力。

在私人事故保险中,事故引起者的赔偿时限仅就事故引起的伤害持续时间,本案中,因为癌症同样可以造成劳动能力损害,保险人的责任就被免除。在法定保险中则有所不同,只要劳动能力丧失,获取养老金的请求权就被启动,除非劳动能力得到恢复,否则养老金请求权是不会被撤销或重复启动。这个社会保障法上的赔偿原则曾经饱受争议,但最终联邦社会法院还是维持了这个原则。①

在法定事故保险领域中,证明责任也是与刑法和民法不同的,刑法、民法和法定事故保险对于定案确定性的要求呈递减状

---

① Wolf, Der Normzweck im Deliktsrecht, S. 23.

态。与此相应,从程度上来说,德国三大法域在认定因果关系的标准依次为:刑法要求排除合理性怀疑;民法要求确定的可能性;而社会保障法要求充分的可能性。这种充分可能性表现为:因果联系是有高度可能性的,至少是清晰的,如果仅仅能够确定是一个可能的因果关系,而没有达到充分的程度,也就意味着还存在其他影响案件结果的原因的可能性,此时一般不应该认定存在因果关系。

同时,在确定因果关系尤其是先前损害的因果关系时,在民法上和刑法上鉴定人都面临着举证责任分配的问题,而在社会保障法领域,从本质上说是没有这个概念的,因为社会保障法的目标是使工伤事故当事人获得更好的赔偿以及力争减少职业病,即使有时由于案件事实不能被确定受害人不得不承担相应的不利后果,或者因为不能证明特定条件被保险人不能获得相应的保险金,但这并不违背社会保障法上的这个目标。如果先前损害不能被确定,养老金将承担全部赔付责任。

二、德国法定事故保险中"工作原因"的认定

在西方的工业强国中,德国并非第一个走上工业化的道路,其工业化起点落后于英国50多年,然而对于工业化所带来的雇工因工受伤后的救助问题,却率先找到了解决问题最合理的方法——法定事故保险制度(等同于我国的工伤事故保险制度,以下两者可以通用)。这一制度的确立解决了雇工因工受伤后得不到应有的救助的问题,使雇工的权利得到了保障,也极大地促进了工业化的进一步发展。自德国确立工伤事故保险制度以来,通过制度的设计和司法的适用已确立了相对完善的工伤事故认定体系。在这个体系中存在一个关键性的问题,就是"工作原因"的认定问题。此

处将通过对三个德国社会法院对在工伤事故案中对于“工作原因”认定的分析，对比中德两国“工伤事故”认定的制度差异，进而提出一定的可资我国相关制度和司法实践借鉴的建议。

（一）德国社会法院对“工作原因”认定的案例分析

现阶段，在制度层面上，德国是通过《德国社会法典》对“工伤事故”加以规定的。《德国社会法典》第七编第 7 条第 1 款明确规定：“工伤保险的范围是工伤事故和职业病。”第 8 条第 1 款规定：“工伤为因被保险人从事享受保险保护的工作而在短时间内从外部对身体造成影响并导致健康损害或死亡的事件。”从这两条规定可以看出，在德国是以“从事享受保险保护的工作而发生事故”为认定工伤事故的主要标准，无论是工伤事故还是职业病都应是发生在被保险人从事受工伤保险保护的工作的过程之中，被保险人在工作中的具体行为是发生工伤的前提条件。[①] 德国的这一标准也基本上等同于我国工伤事故标准中的“工作原因”的判断因素。相对于“工作原因”之判断标准，“工作时间”和“工作地点”的因素在德国不是判断工伤事故的考虑因素。在德国工伤保险制度中，并不是所有在“工作时间”受到的伤害都可以被认定为工伤事故，也不是在“工作时间”之外发生的事故就都不能认定为工伤事故，判断发生事故是否为工伤事故的唯一标准就是“工作原因”，如果是因为“工作原因”发生的事故，即使事故不是发生在工作时间也可以被认定为工伤，如果不是因为“工作原因”发生的事故，即使事故发生在工作时间也不能认定为工伤。对“工作地点”的考量也是本着这一原则。有鉴于此，在长期的司法实践中德国柏林社会法院建立起了一整套科学合理的“工作原因”认定规则，让我们

---

① Schulin, in Handbuch des Sozialversicherungsrechts, S. 123.

通过德国柏林社会法院的以下几个判决来进行具体分析：

在德国，一般情况下，虽然说“工作时间”和“工作地点”不是认定工伤事故的考量因素，但是工伤保险的被保险人在“工作时间”和“工作地点”遭遇事故，对于该事故是否为工伤事故的认定相对来说还是比较清楚的，因为在“工作时间”和“工作地点”发生事故一般情况下都是由于“工作原因”，在“工作时间”和“工作地点”做和工作无关的事情在德国还是比较少见的。容易产生争议的是工伤保险的被保险人在工作地点以外从事一定行为时的工伤事故认定问题。按照《德国社会法典》第8条规定的精神来看，在工作地点之外从事和工作相关的行为，一旦发生事故，也可被认定为工伤事故，如果从事的行为与工作无关，就不能认定工伤事故，司法实践中，德国柏林社会法院也基本上是按照这一精神审理相关案件，例如对于上下班途中发生的事故。德国对上下班途中没有作出明确定义，但是根据联邦社会法院的司法实践来看，上班路途始于住宅大门，终于企业大门，下班则反之。通常这条路应该是上下班的必经之路，而且应该是距离最短的一条，除非较长的另外一条路线交通更加方便。① 但是法律也规定了例外的情形，如果被保险人与同事一起搭车上下班或者因为到幼儿园接送孩子而绕道仍然属于工伤保险范围。② 也就是说，在法律认定的上下班路途中，被保险人正常的上下班行为，都可视为“工作行为”，如果发生事故，均可认定为因“工作原因”发生的工伤事故。接着就出现了以下的问题：第一，被保险人如果在上下班途中实行了其他行为

---

① Kranig, Aulmann, Das Wegunfallrisiko als Gegenstand der gestzlichen Unfallversicherung, in: Neue Zeitschrift für Sozialrecht, 5/1995, S. 206.

② Kranig, Aulmann, Das Wegunfallrisiko als Gegenstand der gestzlichen Unfallversicherung, in: Neue Zeitschrift für Sozialrecht, 5/1995, S. 204.

发生事故应该如何认定？第二，被保险人工作时间离开工作岗位发生事故应该如何认定？第三，被保险人在工作间休时间离开工作岗位发生事故该如何认定？第四，被保险人在工作间休时间离开工作岗位又实行了一定行为进而发生事故该如何认定？对于这些问题，德国柏林社会法院进行了积极的司法探索，并通过以下的三个判决有效地解决了这些问题，具体如下：

案例一：[①]

在德国曾经发生了一起下班时间由于吃冰激凌引发心肌梗死的案例，由德国柏林社会法院于 2011 年 10 月作出了判决。当时工伤保险的被保险人从工作地点回家，其走的是通常走的合理的路程，在回家的路上他买了一个冰激凌，并边走边吃。没想到在舔食冰激凌的过程中发生了哽噎，导致心肌梗死。由于抢救及时，被保险人没有生命危险，但却造成了一定的后遗症，并花掉了一些医疗费用。被保险人要求工伤保险机构认定工伤事故，但德国健康和福利护理同业工伤事故保险联合会认为，事故发生在他回家的路上，而不是发生在“工作地点”，所以不应该认定为工伤事故。同时认为，被保险人的吃冰激凌的行为与工作没有任何关系，所以在吃冰激凌过程中发生的事故不应该认定为工伤事故。但被保险人认为，根据《德国社会法典》的规定，职工从工作地点回家的路上发生事故应认定为工伤事故。至于吃冰激凌的行为，由于该行为发生在保险机构应承担保险责任的下班途中，所以应认定为与工作有关的行为，因此发生的事故也应该认定为工伤事故。德国柏林社会法院在判决中，首先肯定了从工作单位回家的在途期间发生事故应该认定为工伤事故，但是又认为被保险人在回家的路

① Pressemitteilung des Sozialgerichts Berlin vom 05. 02. 2013.

上舔食冰激凌是一种享受行为，是与被保险人的工作没有事实联系的行为，因此而发生的事故不应该认定为因“工作原因”而发生的事故，也就不能认定为工伤事故，所以被保险人不能因此获得法定事故保险项下的医疗救助、伤害补偿金。

笔者认为，从该法官的判决可以得出两个结论，首先，工伤保险的被保险人在途期间(上下班时间从工作单位到家的合理路线)发生事故可以被认定为工伤事故。这一点《德国社会法典》已有规定，法院的判决与法律规定完全相符，没有太多争议；其次，如果工伤保险的被保险人在途期间(上下班时间从工作单位到家的合理路线)实施了一定的行为，在行为的过程中发生了事故，就需要对该行为进行具体分析，确定其该行为是否与工作相关，如果有关即可认定为工伤事故。本案中，被保险人在下班途中发生事故本应认定为工伤事故，但是其在下班途中实施了吃冰激凌的行为，法官经过分析认为这一行为与下班回家这一工作性行为没有任何联系，也不是从事工作所必需的行为，所以实施这一行为的过程中发生的事故就不能认定为工伤事故。德国柏林社会法院的这一判决是具有相当的合理性的，因为吃冰激凌的行为既不是被保险人回家所必需的，也不是被保险人恢复体力，进而更好地投入工作所必需的，所以在吃冰激凌过程中发生的事故不能认定为工作原因发生的事故，也就不能认定为工伤事故。那么吃冰激凌的行为不是和工作相关的行为，什么样的行为才算是和工作相关的行为呢？德国联邦社会法院下面的案例，又进一步地说明了这一问题：

案例二：①

这是一起工作间休时间买食物引起的案例，是由德国联邦社

① Gerichtsbescheid vom 21. Oktober 2011 – S. 98, U. 178/10.

会法院于1991年5月作出的判决。某企业员工在工作的休息时间出去购买食物,并准备拿回单位食用。在买完食物回公司的路上,其膝盖发生了扭伤。该员工要求进行工伤事故认定,但德国健康和福利护理同业工伤事故保险联合会认为,被保险人在工作休息时间购买食物的行为属于个人行为,与工作无关,所以不能认定为工伤事故。被保险人不服提起了诉讼。最终德国联邦社会法院认为,购买食物的行为与工作有内在的联系,所以,当事人可以获得法定事故保险项下的相关补偿。

在本案中德国社会法院认为工作"间休时间"购买食物的行为具有"工作属性",其间发生事故应当认定为工伤事故。笔者以此类推认为,由此判决可以推定在"上下班途中",工伤事故被保险人购买维持身体机能所必需的食物过程中发生事故,也同样应该认定为工伤事故,因为"上下班在途时间"和"工作间休时间"基本上具有共同的属性,两者都是为职员恢复体力,投入到下一段工作提供一定的休整期,不同的只是一个是相对较长的时间,一个是比较短暂的时间。

所以,笔者认为,德国联邦社会法院的认定是合理的,在工作休息时间或者在上下班途中购买食物的行为虽然不是工作行为本身,但是它却是恢复体力、维持工作必需的行为,其与工作有着必然的联系,其间发生事故应该认定为因"工作原因"发生的工伤事故。

从案例一和案例二可以看出,同样是购买食物,但是买东西的种类会直接影响工伤保险事故的认定,如果买的食物是生活必需品,购买路程一般会被认定为受工伤事故保险的保障;但是如果购买的食物不是生活必需,购买路程则不会被认定为受工伤事故保险的保障。那么,如果工伤事故的被保险人不是实施购买食物的

行为,而是其他的行为,发生事故又该如何认定呢?德国法院的又一个判决,很好地说明了这一问题,具体如下:

案例三:①

以吸烟为例,在德国,如果企业员工工作时间出去吸烟,在从吸烟地点回到工作地点的过程中受伤,将不受工伤事故保险的保障,不能获得工伤事故保险金。因为在德国吸烟被认为是"个人行为",不具有"工作性质",所以,一旦遭受事故,不能算作因"工作原因"发生事故,也就不能获得医疗救助、损害补偿金或者工伤事故保险养老金的请求权。2012 年在德国柏林,发生过这样的案例,当时一位 46 岁的女性,在柏林的一所老年公寓中从事家庭养老护理的工作。2012 年 2 月的一天,因为在楼内禁止吸烟,她就在楼门口吸烟。在吸完烟回工作地点的过程中,她与一个家庭管家在走廊相撞。当时家庭管家手里提的一桶水被打翻,地面极为湿滑,她因此滑倒,造成右臂骨折。该家庭护理员因此提起了诉讼,要求认定为工伤。她在法庭上认为自己是在工作岗位上摔倒,应该认定为工伤。德国健康和福利护理同业工伤事故保险联合会认为,该护理人员每天要往返该栋大楼很多次,并且只能走这条走廊,但是其在吸烟的情况下走这条走廊,进而发生事故,不能视为因"工作原因"通过这条走廊,也就不能被认定为工伤事故。该护理人员不服该认定,于 2012 年 9 月提起诉讼。

德国柏林社会法院第 68 法庭审理了此案,法庭由一个职业法官和两个陪审员组成。法庭于 2013 年 1 月作出判决,驳回了原告的诉讼请求。法官认为,原告出去吸烟的往返路程不属于工伤事故保险法所保护的对象。原告出去吸烟的行为属于"个人行为",

① Bundessozialgericht, Urteil vom 11. Mai 1995 - 2 RU 30/94.

不属于“工作行为”。在此基础上法官进而认定，无论本案中原告出去是否吸烟都不影响对其个人行为的认定，也就是说本案中即使原告出去不是吸烟也应被认定为“个人行为”，因为只要是出去做与工作没有关系的事，都应被认定为个人行为。如果原告是出去进食则与吸烟完全不一样，因为进食是为了保证正常的工作状态；而吸烟是一种享乐手段，其完全是一种具有个人属性的行为，与工作无关。也就是说，如果原告出去不是吸烟而是吃饭，并发生了事故，则可以被认定为工伤事故，即原告出去吃饭的往返道路受到法定事故保险法的保护，而原告出去吸烟的往返道路则不受法定事故保险法的保护。

通过以上案例我们可以看出，根据《德国社会法典》的规定，只有那些在工作相关场合所实施的与工作相关的行为才受到该法的保护，进而获得工伤事故保险金；而不是在工作相关场合实施的任何行为都受到该法的保护，进而获得工伤事故保险金。由此我们也可以得出以下结论：第一，在途期间发生事故，应认定为工伤事故；第二，休息时间发生事故，应认定为工伤事故；第三，在途期间和休息时间实施与工作补充或者工作预备相关的行为发生事故，应当认定为工伤事故；第四，在途期间和休息时间实施享乐性行为发生事故，不应当认定为工伤事故。

（二）中德“工作原因”认定的制度比较

我国的《工伤保险条例》第14条规定，职工有下列情形之一的，应当认定为工伤：（1）在工作时间和工作场所内，因工作原因受到事故伤害的；（2）工作时间前后在工作场所内，从事与工作有关的预备性或者收尾性工作受到事故伤害的；（3）在工作时间和工作场所内，因履行工作职责受到暴力等意外伤害的；（4）患职业病的；（5）因工外出期间，由于工作原因受到伤害或者发生事故下落不明的;(6)在上下班途中,受到非本人主要责任的交通事故或者城市轨道交通、客运轮渡、火车事故伤害的;(7)法律、行政法规规定应当认定为工伤的其他情形。第15条规定,职工有下列情形之一的,视同工伤:(1)在工作时间和工作岗位,突发疾病死亡或者在48小时之内经抢救无效死亡的;(2)在抢险救灾等维护国家利益、公共利益活动中受到伤害的;(3)职工原在军队服役,因战、因公负伤致残,已取得革命伤残军人证,到用人单位后旧伤复发的。从这两条规定可以看出,从肯定的正向视角,我国是采用概括式立法和列举式立法相结合的方式,对工伤事故加以规定的。在《工伤保险条例》第14条第1项中首先概括式地规定了“工伤事故”的一般情形,即所谓的“三工原则”;随后又在该条的第2~6项中列举了“工作原因”的几种具体情形;最后用第7项进行兜底。同时第15条又以列举的方式规定了三种“视同工伤”的情形。

如前所述,德国在工伤事故的认定上却采用了与我国完全不同的立法方式,也确立了不同的立法内容。《德国社会法典》第七编第7条第1款明确规定,工伤保险的范围是工伤事故和职业病;第8条第1款规定,工伤为因被保险人从事享受保险保护的工作而在短时间内从外部对身体造成影响并导致健康损害或死亡的事件。

通过以上中德两国的工伤事故保险制度可以看出,两国在立法形式和立法内容上有很大差别,笔者认为通过对两种制度差别的比较,可以总结出一些值得我们思考和借鉴之处,具体如下:

1. 立法方式的选择

如前所述,我国采取了列举式的立法方式对于属于或者视同工伤的情形进行了相对详细的说明,其初衷是使工伤的情形尽可能详尽,避免司法审判中法官自由裁量权过大的弊端,平心而论这样的规定也确实在一定程度上达到了这个目的,取得了一定的实效。但是这样的立法方式也存在一定的弊端,众所周知,列举立法难免挂一漏万。更重要的是,列举立法一定得与概括立法相互配合才能取得良好的立法效果,但是关于工伤事故的概括立法却不尽合理,具体有三:第一,我国《工伤保险条例》将工伤事故的概括条款放置到了工伤事故的列举条款之中,也就是第 14 条第 1 项,这明显犯了违背逻辑的错误;第二,《工伤保险条例》中第 14 条和第 15 条中的“工作时间”和“工作地点”的表述基本上是“摆设”,没有任何实际意义,无论是在法律条款上来看,还是从司法实践来看,只要被保险人因“工作原因”发生事故,均可定为工伤事故,“工作时间”和“工作地点”充其量只是辅助确定“工作原因”的因素,而并不是确定“工伤事故”的因素,也就只能算作是“工作原因”的下位概念,而第 14 条却将其作为与“工作原因”并列的确定工伤事故的因素;第三,在《工伤保险条例》中对于“工作原因”和“工伤事故”这种核心概念,都没有给出明确的定义,给法官过大的自由裁量空间,这对于司法实践是极为不利的。综上所述,我国对于工伤事故的概括式立法不尽合理,直接促使列举的内容缺少依托和指导,不利于司法实践的有序进行。

相反,《德国社会法典》第七编第 8 条的立法方式和立法内容都更趋合理。首先,通过“概括立法”的方式对“工伤事故”的种类进行具体规定,使司法实践对于工伤事故认定有了宏观的认识;其次,对于“工作原因”和“工伤事故”的概念进行具体的界定,即实现了基础性概念释明解惑,避免产生较大的歧义,也在一定程度上限定了法官的自由裁量权,可谓“一举两得”;最后,德国还没有规定基本没有意义的“工作时间”和“工作地点”的概念,实现了与实际相符,避免了司法实践中滥用概念和概念混淆的弊端。笔者认为，德国关于工伤事故立法的这三点做法，值得我国深入研究，并合理借鉴。

2. 法律术语的运用

在《工伤保险条例》第 14 条和第 15 条中分别出现了“工作场所”和“工作岗位”两个词义相近的名词，那么对这两个词应该如何理解呢？可以说，两者词义相近，基本上在日常生活中，各个单位的员工将其作为相同意思的词使用。笔者认为，从法律上来解释，“工作岗位”更具体更精确，特指工作的办公室或者驾驶舱之类的地点；“工作场所”相对来说所指的范围会大一点，可能会指所在的单位的整体范围，之所以这里用“可能”是因为“场所”二字有时也可以指非常具体的工作地点，尤其所在的办公室如果是多人办公，面积较大的地方时，那么这时的“工作场所”和“工作岗位”究竟应该如何解释呢？2017 年最高人民法院一个再审案件判决似乎将这个问题进一步推向了复杂化。

这个案件发生在 2011 年，冯××系琼山中学教师，担任该校高中部数学课教学和高中班主任工作。2011 年 11 月 15 日晚，冯××任教的 366、367 两个班级进行测验考试。考试结束后，冯××回到家中。次日早上 7 时左右，同校老师在冯××家中发现其身体异常状况，立刻拨打海口市 120 急救中心电话，琼山人民医院到场进行抢救，冯××因抢救无效死亡。2011 年 12 月 20 日，琼山人民医院出具居民死亡医学证明书，证明冯××因突发心肌梗死，于 2011 年 11 月 16 日在家中死亡，发病到死亡的大概时间间隔为“不详”。

作为本案的再审法院，最高人民法院认为，《工伤保险条例》第 15 条第 1 款第 1 项规定，职工在工作时间和工作岗位，突发疾病死亡或者在 48 小时之内经抢救无效死亡的，视同工伤。该项规定视同工伤包括两种情形：一是在工作时间、工作岗位上，突发疾病死亡；二是在工作时间、工作岗位上，突发疾病，48 小时内经抢救无效死亡。未经抢救死亡，可能存在两种情形：一是突发疾病，来不及抢救即已经死亡；二是发病时，没有其他人员在场，丧失抢救机会死亡。无论是经抢救无效死亡，还是未经抢救死亡，视为工伤的关键都在于，必须是在“工作时间和工作岗位”上突发疾病死亡。通常理解，“工作时间和工作岗位”应当是指单位规定的上班时间和上班地点。但是，最高人民法院认为，职工为了单位的利益，在家加班工作期间，也应当属于“工作时间和工作岗位”。主要理由是：第一，根据《工伤保险条例》第 1 条规定，制定和实施该条例的目的在于“保障因工作遭受事故伤害或者患职业病的职工获得医疗救治和经济补偿”。因此，理解“工作时间和工作岗位”，首先应当要看职工是否为了单位的利益从事本职工作。在单位规定的工作时间和地点突发疾病死亡视为工伤，为了单位的利益，将工作带回家，占用个人时间继续工作，期间突发疾病死亡，其权利更应当受到保护，只有这样理解，才符合倾斜保护职工权利的工伤认定立法目的。第二，《工伤保险条例》第 14 条第 1 ~ 3 项认定工伤时的法定条件是“工作时间和工作场所”，而第 15 条视为工伤时使用的是“工作时间和工作岗位”，相对于“工作场所”而言，“工作岗位”强调更多的不是工作的处所和位置，而是岗位职责、工作任务。职工在家加班工作，就是为了完成岗位职责，当然应当属于第 15 条规定的“工作时间和工作岗位”。

可见在本案中最高人民法院认为“工作场所”和“工作岗位”不是同一概念，“工作场所”更强调地点，而“工作岗位”更强调职责。笔者认为，在立法时，立法者究竟是由于疏忽将一个词写成了两个词，还是就是使用两个词表达两个语境，已经是不得而知了，但“工作场所”和“工作岗位”两分的规定显然是不合理的。以这个案件为例，最高人民法院的这个判决虽然非常好地解决了本案，但却可能给其他层级的法院审理工伤案件带来进一步的麻烦。因为《工伤保险条例》第14条规定，只有在“工作场所”因“工作原因”发生事故才能认定为工伤事故，如果按照最高人民法院所说“工作场所”更强调工作的地点，那么如果某被保险人在“工作场所”之外，因“工作原因”发生事故又该如何认定呢？比如说出差时发生事故，其并不是发生在工作场所，按照最高人民法院的说法是不是就不能认定为工伤事故呢？显然不认定为工伤事故是不符合现今的司法实践的，但认定为工伤事故又与最高人民法院对于“工作场所”的解释相冲突。所以说，最高人民法院的判决有使司法实践陷入两难境地的危险。笔者认为，应该进一步明确两个概念的准确含义，或者将两者统一，只使用一个词，并将其阐明，或者直接向《德国社会法典》那样，在法条里不使用“工作场所”或者“工作岗位”的概念，而是直接以“工作原因”作为唯一判断工伤事故的标准，也就避免了概念冲突的困境。当然这一切都应该通过修改现有立法的方式解决，而不应该通过最高人民法院指导案例的方式解决，因为这个问题是工伤事故保险中的一个根本问题，而不是一个通过司法解释或者指导案例就可以解决的问题。

（三）工伤种类的划分

我国的《工伤保险条例》将工伤的种类分为工伤事故和视同工伤事故两种，《工伤保险条例》第14条规定的情形属于工伤事故，第15条规定的情形属于视同工伤事故。由此笔者就产生了疑问，第15条的视同工伤情形究竟是不是工伤？如果说是，很明显“视同”的含义就是本来“不是”，但由于情况特殊也可以算作“是”；如果不是，其发生后被保险人可以领取同等的工伤保险金。笔者认为，这种自相矛盾的立法方式，极易招致公众对于法律权威的非议。所以应该明确地表达第 15 条的情形是不是工伤事故，如果是，就应该将第 14 条和第 15 条合并；如果不是，就应该取消第 15 条。当然如果采用德国概括式立法的方式解决问题，就可以将第 15 条的情形完全涵盖，也就不存在自相矛盾的情形了。

(四) 工伤事故的范围

通过对《工伤保险条例》第 14 条和第 15 条的分析可以看出，我国对于在途期间发生的除了交通事故之外的事故是不予认定为工伤事故的。笔者认为，这样的规定是不合理的，因为在途期间是工作必需的阶段，是工作地点和休息地点的自然延伸，应该属于工作的一部分，在此期间发生的事故理应认定为工伤事故。

如前所述，在途期间发生事故在德国一般是认定为工伤事故的，当然也并非在途期间所有的事故都可以认定为工伤事故，只有那些与工作相关的事故才能被认定为工伤事故。这一点值得我国分析借鉴。

第三节　德国保险领域因果关系认定“两元性”的形成背景

通过以上两个部分的论述可以看出，在德国的私人事故保险和法定事故保险领域有不同的因果关系认定标准，造成这种现象的原因是，虽然两者都属于保险的范畴，但由于两者分别属于不同的法域（私人事故保险属于民法范畴，法定事故保险属于社会法范畴），调整不同的社会关系。民法调整的是平等主体之间的权利义务关系，其更注重当事人的意思自治；而社会法调整的社会关系是社会分配领域和劳资领域的关系，其更关注社会公平，基于此，两者在因果关系的检验标准上有着很大的不同。

作为传统的民法范畴,私人事故保险领域也秉承了民法的相当因果关系理论,但同时鉴于私人保险事故的特殊性,出现了新的因果关系认定标准。具言之,在 AUB 条款中规定,"损害"都必须是由"事故"引起的,什么是"事故"在德国传统民法领域没有法律上明确的定义,而 AUB 条款却给"事故"下了一个明确的定义,这就使私人事故保险领域的因果关系认定有着更加"精细化"的趋势,也就出现了"比例式"的因果关系认定方式。同时,笔者还认为,这种私人事故保险领域因果关系认定的"精细化"也是由于保险公司的"赔付的专业化"所致。所谓"赔付的专业化"是指保险公司是专门从事赔付的一种企业,与传统的民事案件主体不同。在传统民事案件中,民事主体都是各司其职,没有专门负责赔偿的机构或者个人,因此,其对于因果关系的要求没有达到"锱铢必较"的程度,国家立法也自然没有体现这一点。但随着保险公司的出现,情况出现了变化,这种专门负责赔偿的机构对因果关系的关注大于任何以往的民事主体,这种密切的关注最终造就了私人事故保险领域因果关系认定体系的"精细化"。

而法定事故保险中的因果关系认定标准则与私人事故保险有着不同的发展脉络。在德国,法定事故保险属于社会法的范畴,与民法不同,社会法更加关注社会公平和社会公益,这就使得法定事故保险领域的因果关系认定标准与私人事故保险领域的因果关系认定标准有很大不同,具有鲜明的自身特点。在法定事故保险中,因果关系认定标准也起步于相当因果关系理论,但对该理论进行修正的过程中,其并没有像私人事故保险那样走上"比例化"的因果关系认定标准的道路,而是另辟蹊径,发展形成了"本质条件说"。之所以法定事故保险没有像私人事故保险那样走上更加精细的“比例化”的因果关系认定标准，笔者认为，概因为私人事故保险的保险机构多为私营性质的企业，其更加关注盈利，所以对于所有介入的伤害事件当中能够对结果的发生有引起作用的因素都会“斤斤计较”，以期能够相应地减少赔付责任，因此其因果关系认定标准更为精细；而法定事故保险的保险机构多为政府机构，其更加关注社会公平，所以，只要引起损害发生的本质条件是其承保范围，其余对损害发生有引起作用的条件则不被考虑，进而进行全额赔付。

另外，从社会发展的角度来说，随着现代工业的发展，现代工业工作给劳动者带来损害的危险也是与日俱增，为了保证职工的权益得到切实保障，基于危险责任的思想，在企业事故领域适用无过错责任原则是必然的，当过错不再需要被证明时，“因果关系的认定”就变成了法定事故保险中最重要的证明环节。企业事故中的受害者往往在经济实力、专业知识、社会地位等方面都居于弱势，而企业事故往往具有高度的科学性，通常涉及医学、工业和机械等多方面的专业知识，并且需要支付高额的专业鉴定费用。为了解决劳动者所面临的这种窘境，法定事故保险应运而生。从其诞生那天起，在其因果关系认定方面也就深深地打上了“倾向于保障伤者利益”的印迹。在制度设计上，法定事故保险在一定程度上向有利受害方的方向倾斜。这种倾斜的正当性源于德国侵权法理论中的危险责任和分配正义理论。根据危险责任理论，在企业事故案件中的双方在社会地位上往往具有不对等性，企业一方作为优势的一方，对于其生产过程中产生的风险，应该承担相应的责任。根据分配正义理论作为在生产活动中获得利益的一方，企业对不幸者的损失进行分担，进而将赔偿的成本通过价格机制或保险制度转移到保险公司身上。对于受害的劳动者来说，对其倾斜的因果关系的认定体系无疑是更具有合理性的。

同时,在确定因果关系尤其是存在先前损害的因果关系时,在民法、刑法和私人事故保险领域都面临着举证责任分配的问题,而在法定事故保险领域,从本质上说是没有这个概念的。因为社会法的目标是使工伤事故当事人获得更好的赔偿,以及力争减少职业病。即使有时由于案件事实不能被确定,受害人不得不承担相应的不利后果,或者因为不能证明特定条件,被保险人不能获得相应的保险金,这也并不违背社会法上的这个目标,即只要"先前损害"不能被"确定",保险机构将承担全部赔付责任。同时,在法定事故保险领域中,证明责任也与刑法和民法(由于属于同一法域,私人事故保险的证明责任与民法相同)不同,刑法、民法和法定事故保险对于定案确定性的要求呈递减状态。刑法要求排除合理性怀疑,民法要求确定的可能性,而法定事故保险中只要求有充分的可能性。这种充分可能性表现为:因果联系是有高度可能性的,或者至少是清晰的。有鉴于此,法定保险领域的因果关系认定标准并没有像私人事故保险领域的因果关系认定标准那样"精细",而是更体现出一种对劳动者的"包容"。

第五章　德国保险领域因果关系认定标准给我国的启示

第一节　我国保险领域因果关系认定标准的现状

在我国法学领域，至今没有因果关系认定方面的相关法律规定，保险法也概莫能外。在保险法领域，法官在审理相关案件时，都是采用相关的理论学说来认定因果关系。在保险业如火如荼、保险案件与日俱增的今天，显然这不是一种正常的现象，这会导致因果关系认定上的司法混乱，现实中也确实大量存在这样的相同案件因果关系认定不统一的现象。笔者认为，我国保险领域因果关系认定标准存在以下弊端：

一、因果关系认定标准缺失

我国许多学者认为在我国的现行制度中并

没有对保险领域的因果关系认定原则作出规定。有的学者认为，在我国保险法中并无近因原则的明确规定，因而给实践带来一定的困扰。[①] 有的学者认为，近因原则是海上保险法中确定因果关系，明确保险人赔偿责任的一项重要原则，在许多国家保险法中均有明确规定，但我国保险法中并未规定。[②] 可以看出，这两位学者都是以近因原则为视角，指出我国保险法上因果关系认定标准的缺失，也就是表明我国保险法没有规定任何的因果关系认定标准。有的学者认为，我国《海商法》第 216 条规定，保险人按照约定，对被保险人遭受保险事故造成保险标的的损失和产生的责任负责赔偿，它没有明确提出因果关系原则，更没有规定具体规则。[③]《海商法》第 216 条第 2 款对“海上保险事故”作了界定，即海上保险事故是由保险双方当事人约定的一切海上保险事故，且包括发生于内河或者陆上的与海上航行有关的事故。其中提到了保险事故的“约定性”，即保险损害赔偿所涉保险事故限于保险合同当事人双方的约定，但并未明确保险事故的原因如何认定，因此也不是对因果关系进行认定的条款。《保险法》第 2 条指明了我国《保险法》所称保险的含义，即通过保险合同约定，对财产损失和人身损害给付保险赔偿金的一种商业保险行为。笔者认为，该条文更多地在于解释保险的概念而不是明确保险赔偿的因果关系问题，更看不出其因果关系之判断标准。《保险法》第 22 条第 1 款仅说明保险相对人具有提供资料和证明信息，以配合保险公司调查和确定保

① 参见陆玉、傅廷中：《保险法中的近因原则与民法中因果联系原则关系之辩》，载《中国社会科学院研究生院学报》2016 年第 1 期。

② 参见孙丹丹：《海上保险法中近因原则研究》，载《中国水运》（下半月）2018 年第 9 期。

③ 参见邢海宝：《论保险法上的因果关系》，载《保险研究》2012 年第 1 期。

险标的损失及原因的义务，但是并未规定如何确定损失发生的原因是否为承保风险。虽然其中也提到了“原因”一词，但其目的在于明确保险相对人在理赔过程中的协助义务，而非对因果关系问题作出单独而明确的规定。《保险法》第22条规定：“保险事故发生后，按照保险合同请求保险人赔偿或者给付保险金时，投保人、被保险人或者受益人应当向保险人提供其所能提供的与确认保险事故的性质、原因、损失程度等有关的证明和资料……”本条款提出了投保人、被保险人或者受益人应当证明引起保险事故发生的原因，但是“原因”如何证明、需要证明到什么程度、采取什么标准证明则没有规定。《保险法》第24条规定了在理赔前要先确认保险公司是否存在保险责任，对于非保险责任，保险人应拒绝赔付并及时通知，说明理由。该条款强调了保险公司的赔付前提是存在保险责任，但没有对因果关系认定的标准加以说明，如果说这一条和因果关系有一定联系的话，也只是在认定保险公司的保险责任时也必须先确认承保风险和损害结果之间的因果关系问题。从这一点上来说，本条也只是触碰到了因果关系的问题，但是并没有对其进行任何说明。

2003年，最高人民法院曾发布《最高人民法院关于人民法院审理保险纠纷案件若干问题的解释（征求意见稿）》，提出在保险纠纷中引入因果关系认定的“近因原则”。此时与保险领域因果关系的认定标准的确立无限接近，但最终由于种种原因这个司法解释还是没有出台，着实令人惋惜。所谓近因是指对造成承保损失起决定性、有效性作用的原因。在引起事故的多个原因中，如果承保危险是对发生事故起决定性和有效性作用的原因，则保险人应当承担保险责任。如果（其他）实际危险加重了保险事故的损害后果，保险人应当承担适当的保险责任。但该解释最后并未出台。[①] 由于保险法对此未作规定，加之该问题本身的复杂性，司法实践中对保险因果关系是否成立，以及与此相关的保险责任的有无与大小的判定表现出相当程度的混乱与不一致。[②] 如在将“近因”理解为单一原因的前提下，对损害结果系由多个风险引起时，是应以发生时间先后，还是以各个风险的重要性来判断何为“近因”，法院间存在分歧。当作为承保风险的“近因”与其他非承保风险共同导致损害结果时，是应坚持“全有或全无”模式，抑或按照承保风险造成损害结果的原因力大小来分摊责任，法院之间也意见不一。[③]

2015 年 9 月 21 日最高人民法院审判委员会第 1661 次会议讨论通过了《最高人民法院关于适用〈中华人民共和国保险法〉若干问题的解释（三）》（以下简称《保险法解释三》）。《保险法解释三》的第 25 条针对因果关系的认定作出了这样的规定：“被保险人的损失系由承保事故或者非承保事故、免责事由造成难以确定，当事人请求保险人给付保险金的，人民法院可以按照相应比例予以支持。”该条款所适用的情形是，被保险人的损失是由多个原因造成的，而这些原因有的是属于保险公司的承保范围，而有的不属于保险公司的承保范围，同时又不能确定究竟是哪个原因导致被害人损害结果发生，人民法院可以决定按照一定的比例将损失分摊给各个原因，进而根据承保风险所分摊的比例确定保险公司应该

---

① 参见马宁：《保险法因果关系论》，载《中外法学》2013 年第 4 期。

② 参见邢海宝：《论保险法上的因果关系》，载《保险研究》2012 年第 1 期。

③ 参见周迅：《当前保险合同纠纷案件审理中存在的主要问题与对策分析——以基层法院相关案件的审理为依据》，载《法律适用》2013 年第 2 期；刘竹梅、林海权：《保险合同纠纷审判实务疑难问题探讨》，载《法律适用》2013 年第 2 期。

给付的保险金。笔者认为，该法条至少包括三层含义：第一，本条款并不是明确的因果关系认定标准，因为本条款的适用前提是被保险人的损害是由承保事故、非承保事故还是由免责事由造成的不能确定。这就表明本条并不是明确的因果关系认定标准，明确的因果关系认定标准一定是通过某种认定逻辑能够确定先后发生的两个事物之间的引起和被引起关系的，这一条显然不能确定任何引起和被引起关系，其确定的只是损害发生后的损害分担问题。第二，本条款赋予了人民法院一定的自由裁量权。不难看出通过本条款，人民法院获得了在案件存在模糊状况下的自由认定的权利，通过这一认定实际使案件的受理结果不可避免地加入了法官的主观价值判断。第三，本条款不是比例因果关系说。因果关系认定领域的比例因果关系说是指当多个原因共同造成损害结果发生时，根据各个原因对于结果发生所起到的原因力的比例来分担责任的因果关系认定原则。这一因果关系认定原则的适用前提是引起结果发生的各个原因对于结果的原因力比例已经基本明确，而不是本条款所描述的多个原因的原因力不能确定的情形，所以该条款并非传统的因果关系认定的比例因果关系说。

二、因果关系认定实践混乱

制度层面因果关系认定标准的缺失导致司法实践中乱象百出。有的学者认为，由于保险法对此未作规定，加之该问题本身的复杂性，司法实践中对保险因果关系是否成立，以及与此相关的保险责任的有无与大小的判定表现出相当程度的混乱与不一致。[①]如在将“近因”理解为单一原因的前提下，对损害结果系由多个风

---

① 参见邢海宝：《论保险法上的因果关系》，载《保险研究》2012 年第 1 期。

险引起时，是应以发生时间先后，还是以各个风险的重要性来判断何为“近因”，法院间存在分歧。当作为承保风险的“近因”与其他非承保风险共同导致损害结果时，是应坚持“全有或全无”模式，抑或按照承保风险造成损害结果的原因力大小来分摊责任，法院之间也意见不一。[①] 鉴于这种制度上的缺失，法官们在处理保险纠纷案件中因果关系问题时没有明确的指引，只能依据法学理论上的学说进行定案，加之每个法官的学习经历和工作经验不同，导致不同的法官在案件审理中所依据的学说并不统一，认定标准千差万别，同案不同判的事例时有发生。在“顾天学诉中国财保新沂支公司保险合同案”中就存在这样的情况，本案的基本案情如下：

2008 年 4 月 21 日，顾天学就其所有的川 32 - 01236 号运输型拖拉机向中国财保新沂支公司投保机动车交通事故责任强制险、车损险、商业第三者责任险等商业险，保险期限自 2008 年 4 月 21 日至 2009 年 4 月 20 日。保险合同约定商业第三者责任险保险金额为 30 万元，保险费为 1669.05 元。合同第 6 条第 5 款约定“驾驶人饮酒、吸食或注射毒品、被药物麻醉后使用被保险机动车”保险人不负赔偿责任。顾天学按期如约交纳了保险费。2009 年 1 月 23 日，顾天学驾驶川 32 - 01236 号运输型拖拉机到案外人王贵清处喷漆，中午就餐时，顾天学饮了少量白酒。车辆喷漆完毕后，顾天学驾车回家。16 时许，该车行驶至苏 249 省道 25km + 980m 处，因故停靠在 249 省道路边。18 时许，案外人吴 × × 驾驶无号牌正三轮摩托车行驶至此，因车速过快，躲闪不及，尾撞被保险车辆，致吴 × × 当场死亡，三轮摩托车乘车人孟 × ×、吴 × × 受重伤，

① 参见周迅：《当前保险合同纠纷案件审理中存在的主要问题与对策分析——以基层法院相关案件的审理为依据》，载《法律适用》2013 年第 2 期。

两车不同程度损坏,孟××经抢救无效于当日死亡。该事故经新沂市交警部门处理,认定吴××负主要责任、顾天学负次要责任。顾天学除按交强险限额赔付给死者损失外,还被判令向被害人亲属赔偿损失合计329,741.60元。顾天学在向被害人亲属赔偿完上述款项后,要求中国财保新沂支公司予以理赔,中国财保新沂支公司以顾天学酒后驾驶为由拒赔。顾天学向江苏省新沂市人民法院起诉,要求中国财保新沂支公司给付理赔款。新沂市人民法院认为:按照《保险法》第31条的规定①,对于保险合同的条款,保险人与投保人、被保险人或者受益人有争议时,人民法院或者仲裁机关应当作有利于被保险人和受益人的解释。

本案中,交通事故发生在顾天学因故停车后,与顾天学饮酒没有必然因果关系,而且事故的发生也非顾天学在饮酒后驾驶车辆过程中所造成,交警部门对事故责任的认定书中也未认定顾天学的饮酒行为与停靠行为与事故发生有直接的因果关系,故顾天学是否饮酒与本次事故之间无因果关系。根据公平原则,中国财保新沂支公司以顾天学酒后使用机动车辆为由拒绝理赔显失公平。另外,在中国财保新沂支公司交付给顾天学的保险投保单中特别约定栏目中没有相关内容,因而不能证明中国财保新沂支公司已向顾天学明确说明,故该条款不产生免责效力,中国财保新沂支公司应当予以理赔。顾天学主张的理赔款30万元,因顾天学负次要责任,合同约定了应当免赔5%,故对顾天学主张理赔款超出的部分不予支持。据此,新沂市人民法院判决:中国财保新沂支公司于判决生效后30日内一次性支付给顾天学商业第三者责任险28.5万元。案件受理费5800元由中国财保新沂支公司负担。

---

① 本条款引自2002年《保险法》,2015年《保险法》修订后改为第30条。

一审判决后,中国财保新沂支公司不服,向徐州市中级人民法院提起上诉称:第一,被上诉人酒后驾驶车辆因故停放在路边近2个小时,未采取必要防范措施,与涉案交通事故的发生有必然的因果关系。第二,保险公司对保险条款包括免责条款已履行了明确说明的义务。徐州市中级人民法院审理后认为,该案双方争议的焦点主要有:第一,保险合同免责条款是否生效;第二,顾天学的饮酒行为与保险事故的发生是否存在因果关系。首先,顾天学提交的投保单中投保人声明栏中载明:保险人已将投保险种对应的保险条款(包括责任免除部分)向本人作了明确说明,本人已充分理解;上述所填写的内容均属实,同意以此投保单作为订立保险合同的依据。顾天学在投保人声明项下签名,故可以认定中国财保新沂支公司已将投保险种对应的保险条款(包括责任免除部分)向顾天学明确说明,保险合同免责条款对顾天学具有约束力。其次,发生交通事故后,新沂市交警大队对顾天学血液中酒精含量进行检测,其血液中酒精含量高达50mg/100ml。新沂市交警大队作出行政处罚决定书,认定顾天学实施了饮酒后驾驶非营运机动车的违法行为。顾天学在饮酒后驾驶车辆,必然降低其分析判断及处理车辆行驶过程中出现各种问题的能力,加大了出现保险事故的风险。新沂市交警大队的道路交通事故认定书认定顾天学饮酒后驾驶机动车上道路行驶时发生故障,未将车辆移至不妨碍交通的地方停放,停车时未按规定使用灯光、未设置警示标志,其违法行为也是造成事故的原因。综合以上分析,由于顾天学酒后驾驶,致使其无法正常行驶、无法正常停靠车辆及未采取必要的安全防范措施,对出现交通事故的风险采取一种放任的态度,加大了出现保险事故的可能性,故可以认定顾天学的饮酒行为与保险事故的发生存在因果关系。根据"酒后驾驶免赔"的约定,中国财保新沂支公司对顾天学的损失不承担赔偿责任。[①]

从本案可以看出,本案的一审法官、二审法官,甚至交警部门都采用了不同的因果关系认定标准,一、二审法院也得出了截然不同的判决结果。一审法院认为,本案中交通事故发生在顾天学因故停车后,与顾天学饮酒没有必然因果关系。可见,一审法院采用了"必然因果关系说",该说认为认定因果关系的过程中,只有那些合乎逻辑、按照规律确定的引起事故发生的原因才是必然原因,只有必然原因和结果之间的引起和被引起关系才是法律上的因果关系。按照一审法官的逻辑,顾天学的饮酒行为并不是按照规律一定会引起事故发生的,因为事故发生时顾天学并没有驾驶行为,引起事故发生的必然的原因应该是吴××超速驾驶和不注意瞭望的行为。

一审法官进而认为:"事故的发生也非顾天学在饮酒后驾驶车辆过程中所造成,交警部门对事故责任的认定书中也未认定顾天学的饮酒行为与停靠行为与事故发生有直接的因果关系,故顾天学是否饮酒与本次事故之间无因果关系。"根据一审法官的这段判词,可以推定作为本案鉴定人的交警部门认为,事故的发生非顾天学在饮酒后驾驶车辆过程中所造成,顾天学的饮酒行为与停靠行为与事故发生没有直接的因果关系。可见作为本案的因果关系的专业鉴定机构的交警部门采用的是"直接因果关系说",该说认为只有那些不需要借助其他因素而能直接引起结果的发生的直接原因,才是可以归责的原因。

本案的二审法官认为,由于顾天学酒后驾驶,致使其无法正常

---

① 参见冯昭玖、周立:《酒驾免赔条款适用于酒后违规停车引发保险事故——徐州中院判决顾天学诉中国财保新沂支公司保险合同案》,载《人民法院报》2010年9月2日,第6版。

行驶、无法正常停靠车辆及未采取必要的安全防范措施，对出现交通事故的风险采取一种放任的态度，加大了出现保险事故的可能性，故可以认定顾天学的饮酒行为与保险事故的发生存在因果关系。可见，二审法官在认定本案因果关系过程中，采用的是“相当因果关系说”，该说认为只有那些根据共同经验可以导致损害结果发生的原因，才是可以归责的原因。根据本案中二审法官的判词，可以推定，二审法官的认定因果关系的逻辑是，顾天学喝完酒后，根据一般人的经验，可能会对其行为产生影响，这种影响包括驾驶中的行为，也包括驾驶过程中的停车行为和停车修车时采取安全防护的行为，所以其喝酒行为与交通事故的发生是有法律上的因果关系的，认定喝酒行为是本案可以归责的原因是适当的。综观本案一审法官、二审法官和鉴定人的因果关系认定的适用理论可以看出，我国司法实践中因果关系的认定标准是存在一定的混乱局面的，有时大家根本不在一个层面上进行对话，这必然导致案件的处理结果是可以商榷的。

综上所述，我国的司法实践当中，由于缺乏制度层面的统一标准，经常导致同一案件采用不同的因果关系认定理论进行判决的情况，这不仅造成了司法实践中因果关系认定的混乱，对案件的当事人来说也是不公平的。

第二节　我国保险领域因果关系认定的理论争鸣

在我国的保险领域因果关系认定标准方面，无论是在理论研究层面还是在司法实践层面，近因原则可谓“一家独大”。大部分法学学者都不同程度地表示支持在我国保险领域的因果关系认定方面采用近因原则,大部分的法官在司法实践中运用近因原则审理案件。但是也有一些学者对于近因原则是否存在以及我国是否适合“近因原则”提出了不同的观点。

一、近因原则是否存在的理论探讨

关于近因原则的讨论战首先就发生在“其在我国是否真正存在”这一根本问题之上。有些学者认为,近因原则当然是存在的,有些学者则认为,这一点值得商榷。

(一)近因原则肯定说

在保险领域的因果关系认定方面,近因原则及其相关问题一直受到国内大多数学者关注,他们或者是积极地介绍、阐明和分析近因原则,或者直接认为我国在法律制度层面已经存在了近因原则。海商法学者杨良宜先生早在20世纪80年代在其海运学院出版的教材中就提出了海上保险近因原则的概念,在其后的多次讲学中也都使用这一概念。汪鹏南教授亦指出:“在普通法中,有许多运用近因原则的著名案例。”[①]北京市西城区人民法院的刘建勋庭长在其所著的书中也直接使用了近因原则的概念。[②] 保险法专家金祖光先生在其所写的书中以“海上保险的近因原则”为题,专章论证了英国海上保险法的近因原则。[③] 我国台湾地区的著名保险法专家江朝国先生还专门解释了在海上保险中为什么要适用近因原则:“因海上事故之发生经常系各种原因条件之结合,如自然

---

① 汪鹏南:《海上保险合同法详论》,大连海事大学出版社2003年版,第39页。

② 参见刘建勋:《保险法:典型案例与审判思路》,法律出版社2012年版,第121页。

③ 参见金祖光:《中英海上保险法规与实务》,新加坡新华海事出版公司2010年版,第73~82页。

灾害、海上航行技术及人为因素等，而且此些结合之条件，依一般客观之观点皆可能造成此种损害之结果……为防止此问题之发生，最近因果关系说只承认单一条件为具有法律效果之条件，其他皆属远因，实为最佳之良药。”[①]还有学者对1906年《英国海上保险法》中的近因原则进行了比较翔实的介绍。如任自力在《保险法学》中介绍了近因原则的定义及近因认定的一般方法，顺推法和倒推法。[②] 郑睿在《英国海上保险法律与实务》中就近因原则的含义、判断标准及其具体适用规则进行了比较翔实的介绍。[③] 郭丽军在《海上保险学》中也对近因原则的具体应用进行了简单归纳。[④] 杨良宜、汪鹏南在《英国海上保险条款详论》一书中也对英国法下近因原则的典型案例进行了介绍。[⑤] 可见，这些研究成果着重于介绍英国法下的近因原则，对于我国认识、理解、掌握甚至运用英国法上的近因原则具有积极帮助，同时亦丰富了相关的理论文献，增加了学术积累。但不足之处在于，上述学者并未对我国保险法上是否真实存在近因原则给出进一步的分析和阐述。

有鉴于此，国内部分学者认为，我国《保险法》和《海商法》中存在近因原则。如学者李玉泉在《保险法》(第2版)中指出，保险法的基本原则是一个比较抽象的概念，不是保险法的具体规定，而是通过具体规定体现它的存在。反之，保险法的各项具体规定又

---

① 江朝国：《保险法基础理论》，中国政法大学出版社2002年版，第344~345页。

② 参见任自力：《保险法学》，清华大学出版社2010年版，第66~68页。

③ 参见郑睿：《英国海上保险法律与实务》，上海交通大学出版社2014年版，第200~207页。

④ 参见郭丽军：《海上保险学》，对外经济贸易大学出版社2010年版，第49~51页。

⑤ 参见杨良宜、汪鹏南：《英国海上保险条款详论》，大连海事大学出版社2009年版，第91页。

要符合保险法基本原则要求。[①] 贾林青教授在《保险法》(第5版)中认为保险法上的近因是保险事故与损害后果之间的因果关系,英美法称之为近因原则,我国法律谓之因果关系。我国《保险法》中虽未明文规定近因原则,但《保险法》中有关保险合同定义,保险赔付的规定及《海商法》中保险人支付保险赔偿的规定精神,均体现了近因原则。[②] 傅廷中教授在《海商法论》和《保险法论》中同样认为,我国《保险法》没有直接采用近因原则的表述,但该项原则却是客观存在的,隐含在相关条款中,[③]并对有关近因的学说、认定标准、判断法方法等进行了归纳整理。[④] 此外,国内学者在已发表的有关近因原则的论文中也认为我国保险法中存在近因原则。刘燕在《试论保险法的基本原则》中认为,保险法的基本原则是保险活动特点的产物,近因原则是法律规范的抽象表达。[⑤] 黄英君教授在《析近因原则在保险理赔中的适用——兼与胡文富先生商榷》一文中,也认为我国存在近因原则,并通过剖析胡文富先生专著《保险·法律·写作》中一个关于近因原则的案例,探讨近因原则的具体适用。[⑥] 这些研究成果从理论上肯定了我国保险法中蕴含近因原则,虽然没有具体的相关规则,但在实践中遇到相关问题时可以依据近因原则作出解释。2003年,最高人民法院曾发布《最高人民法院关于人民法院审理保险纠纷案件若干问题的解释(征求意见稿)》。该稿提出在保险纠纷中引入因果关系认定的

① 参见李玉泉:《保险法》(第2版),法律出版社2003年版,第98页。

② 参见贾林青:《保险法》(第5版),中国人民大学出版社2014年版,第81页。

③ 参见傅廷中:《海商法论》,法律出版社2007年版,第503页。

④ 参见傅廷中:《保险法论》,清华大学出版社2011年版,第84页。

⑤ 参见刘燕:《试论保险法的基本原则》,载《法学家》2002年第2期。

⑥ 参见黄英君:《析近因原则在保险理赔中的适用——兼与胡文富先生商榷》,载《保险研究》2005年第2期。

“近因原则”,并规定近因是指对造成承保损失起决定性、有效性作用的原因。在引起事故的多个原因中,如果承保危险是对发生事故起决定性和有效性作用的原因,则保险人应当承担保险责任。如果(其他)实际危险加重了保险事故的损害后果,保险人应当承担适当的保险责任。但该解释最后并未出台。[①] 可见,这些学者都认为我国保险法上是存在近因原则的,虽然法律没有明确规定,但是却隐含地表达了这种原则。

(二)近因原则存疑说

国内亦有部分学者认为我国保险法中并不存在近因原则,近因原则只是用来确定海损原因的参考,或者是补偿原则下的一个规则。如司玉琢、李兆良教授在《论海上保险的近因原则》一文中认为,由于国内立法没有明文规定,近因原则只是作为一种确定事故原因的参考,并指出近因原则已被各国保险界广泛采用,我国保险法和海商法也应对近因原则作出规定,作为处理海损赔偿案件的法律依据。[②] 初北平教授在《船舶保险条款研究》中同样认为,我国《保险法》和《海商法》中皆没有关于近因原则的具体条款,近因原则只是我国保险实务中的一个参考原则。为了解决法律中近因原则缺失给实务带来的不利情况,可以尝试在保险条款中引入近因原则。[③] 另外,朱作贤教授在《海上保险法补偿原则研究》中认为,近因原则并非一个真正意义上的法律原则,而只是在保险理赔时判断较为复杂因果关系时的准则,近因原则只是补偿原则下

---

① 参见马宁:《保险法因果关系论》,载《中外法学》2013 年第 4 期。

② 参见司玉琢、李兆良:《论海上保险的近因原则》,载《中国海商法研究》1991 年第 2 卷。

③ 参见初北平:《船舶保险条款研究》,大连海事大学 2008 年博士学位论文,第 101 ~ 107 页。

的一个应用性质的具体规则。[①] 关正义教授在《民法视野中的海商法制度》中认为,我国海上保险法律中虽然没有近因原则的规定,但保险事故与损失之间的因果关系是明确的。[②]

综上所述,学者们的上述研究成果立足于我国立法现状,围绕我国是否存在近因原则各抒己见,进行了深入的探讨,笔者认为,现阶段根据对我国《保险法》及相关法律法规的文本分析,我国是不存在制度层面的近因原则的。原因有三:第一,我国的保险法及相关的法律法规,没有任何关于近因原则的文字表述和解释说明,这是近因原则存疑论的最根本观点,也是最直接、最客观的观点。第二,近因原则肯定说进而提出我国的《保险法》隐含着近因原则,但从其提出的论据来说,是很难站得住脚的。第三,退一步说,即使我国法律隐含了近因原则,试问因果关系认定这种法律上的基础性问题,司法认定上的决定性的问题,可以用隐含的方式加以规定吗?也就是说,即使我国法律隐含了近因原则,这种"隐含"也是不妥,是"无效"的。

二、我国保险领域因果关系认定标准路径选择的争鸣

在我国保险法上因果关系的认定标准选择的问题上,从现有的论著来看,几乎90%以上的论著是对近因原则进行论述,并进而主张在我国保险领域采用近因原则。但也有一些作者提出了不同的观点,认为近因原则并不适用我国保险领域。以下笔者将对学者们的这些观点进行一定的分析和阐述。同时鉴于持近因原则观点和持其他观点的学者的比例原因,笔者将以近因原则和非近因原则的

---

① 参见朱作贤:《海上保险法补偿原则研究》,大连海事大学2009年博士学位论文,第30页。

② 参见关正义:《民法视野中的海商法制度》,法律出版社2015年版,第268页。

进路对学者们的观点进行梳理和分析。

(一)近因原则模式

在我国保险法因果关系认定标准的选择上,大多数学者主张采用近因原则,有的学者提出在该领域采用近因原则的必要性,并对采用近因原则的可行性和近因原则的具体操作规则进行了论述。例如,有的学者认为,依保险原理,是否发生承保风险,是否产生承保损失,都不能够完全决定保险人是否履行保险合同项下的赔付责任,关键在于在符合保险合同规定的前提下,承保风险与承保损失之间的因果关系。因此,因果关系的判定在保险损失赔偿中必不可少。但目前我国相关立法中对此没有明文规定,不能不说是保险立法的重大缺憾,为此,笔者建议在《保险法》中设立因果关系原则——近因原则。① 有的学者认为,近因原则是保险法上因果关系的基本原则。例如,中国人民大学贾林青教授在其所著的《保险法》一书中这样评价近因原则:"近因原则是为了认定保险责任,明确事故与损失之间的因果关系而专门设立的一项基本原则。"②王葆莳、杨凡合著的《财产保险法理论精义和实例解析》一书中这样论述近因原则:"近因原则与最大诚信原则、保险利益原则、损失补偿原则等一样,都是保险合同必须遵守的基本原则。近因原则对于判定保险事故是否属于保险责任范围,以及保险公司是否要对损失负责赔偿均有重要意义。"③著名保险法专家李玉泉在其专著《保险法》(第2版)中写道:"危险事故的发生与

① 参见姜南:《论保险法上的因果关系原则》,载《河北法学》2006年第7期。

② 贾林青:《保险法》,中国人民大学出版社2006年版,第92页。

③ 王葆莳、杨凡:《财产保险法理论精义和实例解析》,知识产权出版社2009年版,第26页。

损失的形成需有直接因果关系近因，保险人才对损失负赔偿责任。”[①]保险学家陈欣在其专著《保险法》中论述道：“我们把保险中确定损失原因的这一原则称为近因原则，虽然近因原则并不是保险所专有的原则，但它却是保险法中的一个十分重要的基本原则。”[②]林宝清则在其《保险法原理与案例》中这样阐述：“损害近因原则，是保险法的四大原则之一。凡是保险合同必有注明保险负责的是哪些危险事故或事件，以明示的方式明确双方当事人设定该保险合同的意图。”[③]由此可见，很多学者都主张在我国保险领域确立近因原则。

（二）其他模式

有的学者认为，比例分配规则可以最大限度满足当事人对承保范围的预期，控制风险。如若采用传统规则，表明保险人可以单方修改保险合同规定的承保范围，表明保险人无偿获得保险费用。如若遵循主力原因规则，即将主力原因作为除外事件，也将引起传统规则类似的问题，如若主力原因为承保事项，则保险合同中的预定除外责任条款无任何意义，由于多因呈链条结构情形主要发生在非责任保险中，保险人在该类合同下享有设定承保范围和除外责任条款的权利，而保险人的责任则取决于侵权法规定，而非合同约定条款。[④] 可见该学者认为，采用比例因果关系说是合理的，这样就可以避免选择一个因素作为引起结果发生的原因的法律困境。

有的学者认为，传统保险法运用“近因”理论对一因一果及

---

① 李玉泉：《保险法》（第2版），法律出版社2003年版，第1页。

② 陈欣：《保险法》，北京大学出版社2000年版，第109页。

③ 林宝清：《保险法原理与案例》，清华大学出版社2006年版，第89页。

④ 参见周学峰：《论保险法上的因果关系——从近因规则到新兴规则》，载《法商研究》2011年第1期。

"链状"因果关系探讨较多,其本质是寻找"有效的和居支配地位的原因",但实践中往往存在"多项近因",因果关系呈"伞状"特征,对于"伞状"因果关系下的保险责任问题,借鉴"原因力"规则是一种新的路径,具体适用时需根据原因力大小,将"伞状"因果关系细分为"复合原因"、"并存原因"和"混合原因",再按照"绝对比例"规则,并与举证责任分配相结合,来解决是否赔付及赔付范围问题。[①] 该学者的伞状的因果关系认定方式,实际上就是根据不同的事故类型确定不同的比例分配方案的因果关系认定原则,本质上仍然是比例因果关系认定原则。笔者认为,比例因果关系原则的优势在于:第一,比例因果关系说在处理多因导致被保险人损失的案件时,在实现具体案件因果关系认定的实质合理性上具有天然的优势。比例因果关系说的特性在于可以合理平衡保险合同当事人共同的利益,保险人对于除外危险造成的损失无须负责,被保险人和受益人对于承保危险造成的损失也可以得到合理赔付,对被保险人损失的赔付也不伤及投保人的利益,各方的合理利益均有所保障。在保险纠纷案件中,适用比例因果关系说处理保险法上因果关系的认定能够保证裁判结果的实质合理性,更容易达到司法审判定分止争的效果。第二,适用比例因果关系说,是为了保护保险消费者权益。保险市场日益繁荣,保险产品类型也日益增多,加之人们的风险意识日益增强,越来越多的普通消费者成为保险的投保人。而保险并不是传统的有形商品,保险产品的特殊性、专业性、技术性和复杂性使得人们在购买时很难全面、准确地了解种类繁多、设计复杂的保险产品。由

① 参见吴勇奇、肖琳:《论保险法中"伞状"因果关系下"原因力"规则的适用》,载《中国海商法研究》2014 年第 3 期。

于保险消费者缺乏专业的保险知识和具体、明确的保险产品信息，保险交易双方当事人的信息不对称表现尤为突出。同时，为保障保险交易的效率和便捷，保险合同多采用格式合同，保险消费者只能从保险人提供的固定类型中选择相对适合的保险产品，对具体合同条款没有商讨的余地。保险消费者在保险交易中处于明显的弱势地位。基于此，保险消费者的权益保护问题受到各国的广泛关注。在全球化的消费者权益保护运动盛行的背景之下，我国保险法领域消费者权益保护的呼声也越来越大。我国《保险法》的修订和适用也体现了对于保险消费者权益保护的重视，注重在法律上加强对保险消费者权益的保护。例如，2009 年《保险法》修订时增加了保险合同不可抗辩条款；再如，2013 年施行的《最高人民法院关于适用〈中华人民共和国保险法〉若干问题的解释(二)》中对于保险人说明义务作出了明确、细致的规定。保险法上因果关系原则的确立，也必须要在实际上实现保险消费者权益的保障，以确保在保险实际经营中实现对消费者权益的保护，确保在保险纠纷案件的处理中实现对保险消费者权益的保护。而比例因果关系说在这方面显然具有天然的优势。

有的学者从对“近因原则”进行分析和批判出发提出，近因的认定受政策因素的支配，其本质是一种价值判断。因此，在近因问题上，运用传统的“概念—涵摄”式思维无法妥当地解决问题，近因的认定总是与个案的具体语境密切相关，并依赖于司法政策，要为其寻求一个精确的定义是不切实际的。对法院判决的稳定预期的形成并不能依靠事先确定的解决方案，而只能通过长期的案例积累沉淀出适合我国实际情况的裁判规则，在这一过程中，发挥典型案例的裁判指导作用具有积极意义。再者，在近因问题上，始终存在契约自由与司法控制之间的紧张关系，处理好二者的关系也就是要实现保险人和被保险人之间的利益平衡。最后，既然近因原则要解决的是双方当事人之间的利益平衡问题，那么当承保风险、除外风险、非承保风险都与损失的发生存在事实因果关系时，为了达成妥当的判决结果，完全可以认定多个近因，并根据一定的比例使损失在当事人之间实现分摊，而突破"全有或全无"的僵化模式，这一做法并无理论障碍。[1] 这种观点通过对近因原则的理论分析，将其定义为"规范问题"，而非"事实问题"，进而认为平衡各方利益的最好方式就是突破"全有全无"的思维定式，寻求"比例化的因果关系"认定方式。笔者对于该学者的结论是比较支持的，但是该学者将近因原则定义为一种规范问题，值得商榷。因为近因原则主要是探讨事故发生后，哪个条件是造成结果的"近因"，而不是保险合同把哪个条件规定为"近因"，所以，近因原则探讨的主要是"事实问题"，而不是"规范问题"。

有的学者认为，对意外伤害事故中因果关系的认定标准，向来有所谓相当因果关系说和近因原则说的争论。[2] 相当因果关系说在保险法上的应用乃是综合事物本质及社会一般经验，于结果发生时依一般客观的观点，判断因果关系是否通常、相当，其判断公式为，"无此行为，虽必不生此损害；有此行为，通常即足以产生此种损害，是为有相当因果关系"。[3] 徐卫东教授认为，保险法原则上适用相当因果关系说，海上保险主要适用近因说，保险法上因果

---

① 参见隋愿：《保险纠纷裁判中的近因原则及其反思》，载《法律适用》2014 年第 1 期。

② 参见文婧：《保险法上意外伤害事故的判断及其证明》，载《法商研究》2017 年第 1 期。

③ 江朝国：《保险法逐条释义》（第一卷 · 总则），台北，元照出版有限公司 2012 年版，第 789 页。

关系的认定实际上是以适用相当因果关系说为主，以适用近因说为补充。[①] 我国台湾学者江朝国先生认为陆上保险应当适用相当因果关系说。[②] 可见，上述学者主张采用相当因果关系说，从世界范围来看，该说被许多学者支持，并且被许多国家在司法实践中采用。但是需要注意的是，在司法实践中采用相当因果关系说的国家，往往只是在民法侵权领域适用该学说，而在保险领域很多国家则采用其他的学说来确定因果关系，例如，英国在保险领域采用近因说，而德国采用比例因果关系说。

综上所述，笔者认为，虽说在理论界学者对于近因原则讨论最多，但在我国的保险领域实际上并不适合采用近因原则。众所周知，我国是实行制定法的国家，而不像英国是实行判例法的国家，那么在法条中怎么能够出现"远近"这种带有方位性的用语呢？在英美法系国家，可以在判决中对"远近"进行深入地论述，所以，确立近因原则并没有法律技术上的障碍；而在像中国这样实行制定法的国家，在正规的法条中就使用"远近"这种非规范性的用语，实在是不利于维护法律的权威，并极容易造成司法领域的混乱和司法权的滥用，所以，近因原则在我国并不适用。

第三节　德国保险领域因果关系认定标准给我国的启示

德国保险领域的因果关系认定标准是一个系统的工程，这里

---

① 参见徐卫东：《保险法学》（第 2 版），科学出版社 2009 年版，第 222 页。

② 参见江朝国：《保险法基础理论》，中国政法大学出版社 2002 年版，第 353 页。

既包括保险领域因果关系认定标准与刑法、民法领域因果关系认定标准的一脉相承，也包括私人事故保险因果关系认定标准与法定事故保险因果关系认定标准的相互影响。这两个方面对我国保险领域认定标准的确立都具有一定的借鉴意义。

一、德国因果关系认定体系给我国的启示

我国学者对于德国因果关系认定标准的研究有一个显著的特点，就是“各自为战”。刑法学者、民法学者和社会保障法学者互不干涉，都在自己的领域或引用，或分析，或论证德国的因果关系认定的标准。例如，刑法学界总是以条件说和客观归责论为切入点，介绍德国的因果关系认定体系；①民法学者以德国侵权责任法和环境责任法切入，系统地介绍德国的相当因果关系说；②保险法学者都在介绍我国保险法上的因果关系认定标准时简要地介绍了德国的保险法上的因果关系认定标准；③而社会法学者对于德国社会法上的因果关系认定标准的介绍几乎为零。这种研究方式的弊端在于，使读者在读完文章之后“只见树木，不见森林”，不知道除所读文章涉及的领域外，德国其他领域的因果关系认定标准究竟如何，进而有可能误认为文章所论及的因果关系认定标准就是德国所有领域的认定标准。一直以来，没有学者宏观地介绍、分

---

① 以下文章基本可以说明这一问题：苏俊雄：《从刑法因果关系学说到新客观归责理论之巡历》，载《法学家》1997 年第 3 期；陈兴良：《客观归责的体系性地位》，载《法学研究》2009 年第 6 期；倪培兴：《解读客观归责理论》，载《中国刑事法杂志》2007 年第 1 期。

② 参见朱岩：《当代德国侵权法上因果关系理论和实务中的主要问题》，载《法学家》2004 年第 6 期；晋海、周龙：《德国环境责任法因果关系推定制度及对我国环境立法的启示》，载《东南学术》2014 年第 2 期。

③ 参见武亦文：《保险法因果关系判定的规则体系》，载《法学研究》2017 年第 6 期；文婧：《保险法上意外伤害事故的判断及其证明》，载《法商研究》2017 年第 1 期。

析、论证德国因果关系认定标准的整体构成,也就是德国三大法域的因果关系认定标准,从而给我国研究德国的因果关系认定标准体系进而进行借鉴带来了一定的障碍。从比较研究的视角来看,这也不利于我国因果关系认定理论研究体系的构建。笔者认为,采用本书这种宏观研究方式的好处是,可以使读者对于德国因果关系认定体系有一个整体的了解,进而掌握德国三大法域因果关系认定标准的联系和区别,从而更加准确和深入地理解德国因果关系认定体系的精髓和本质,以资借鉴。从德国三大法域因果关系认定标准的体系来看,笔者认为至少给我们以下几点启示。

（一）我国应探索因果关系认定的“多元化”标准

从德国三大法域因果关系认定标准可以看出,德国的刑法、民法和社会法分别采用了不同的因果关系认定标准,甚至本属于传统民法领域的保险法也采用了不同于民法的因果关系认定标准,在法定事故保险中又采用了与私人事故保险中不同的因果关系认定标准。可见,是不存在能够一劳永逸地解决因果关系认定问题的统一的、标准化的因果关系认定标准的。此类标准要么无视法律上的因果关系的规范属性,要么就会流于空洞而不具有可操作性。不同法域有不同的特点,所发生的案件性质是完全不一样的,只有植根于相应法域理论土壤和规范属性的个别化的因果关系认定标准,才能适应相应的法域,发挥良好的作用。就以民法与保险法的区别为例,众所周知保险法属于传统民法部门,与民法关系密切,但却不意味着保险法可以照搬民法的因果关系认定标准,因为两者有着诸多不同。首先,从性质上看。民法上因果关系认定的案件主要是侵权案件,责任承担的条件和责任承担的范围都由法律明确规定,没有合同“置喙”的空间;而在保险法上,责任承担的条件和责任承担的范围都有合同约定的因素,比如承担保险责任的最高限额和免责情形，这些都会对因果关系的认定产生影响，从而对因果关系认定标准的确定产生影响。其次，从功能上看。民法上的因果关系认定标准具有防止因果关系无限制扩大的功能，可以将当事人的责任范围限制在合理的范围之内；但是保险法上因果关系认定标准则无须承担这样的功能，因为在保险合同中一般会包括保险金的最高限额这一规定，从而对保险人的责任范围进行限制，因果关系的认定标准就无须承担这样的责任。这样的区别在保险领域因果关系认定标准的选择上也应该予以充分的考虑。有鉴于此，笔者认为区别对待应该是我国不同法域确立因果关系认定标准的首要原则，并应在这一原则的指导下，在不同的法域建立符合本领域特点的不同因果关系认定标准。

(二)我国应规定“明确的”因果关系认定标准

无论是《德国刑法典》、《德国民法典》、AUB，还是《德国社会法典》都不约而同地通过法律条文，明确地规定因果关系的认定体系。而我国无论是刑法、民法、保险法，还是社会保障法都没有明确地规定因果关系的认定标准，这不仅造成了因果关系认定标准制度上的缺失，也造成了司法实践中因果关系认定的混乱局面。现阶段，似乎“因果关系”这一典型的法学术语却成了法律条文中的“洪水猛兽”，成了法律上“禁忌语”。立法者似乎在有意无意地回避这个问题。这一点在最高人民法院起草《关于审理保险纠纷案件若干问题的解释(征求意见稿)》的过程中体现得尤为明显。当时的征求意见稿规定了近因原则：“近因是指造成承保损失起决定性、有效性的原因。”但是，当司法解释正式颁布时，却不见了近因原则的踪影。这种不做顶层设计，而将因果关系认定的权力完全交由法院自由裁量的做法是十分危险的，这极易(事实上已经)造成因果关系司法认定上的混乱和具体案件中的不公平现象。所以,我国应该在不同的法域中都明确规定因果关系的认定标准,以使因果关系认定的司法实践有章可循。

(三)我国应设定"适当的"因果关系认定标准

我国在确定因果关系认定标准时,一定要考虑一个问题,那就是"适当性"的问题。所谓"适当性"是指适合某一法域的因果关系认定标准不一定同样地适用于其他法域,某一因果关系认定理论可能在某一法域"风生水起",但在其他法域却有可能"举步维艰"。所以,切不可以盲目照搬,强行借鉴。例如,德国刑法法域适用条件说,这一理论中的原因概念与自然科学哲学的原因概念基本一致,这一原因概念包括导致结果发生的所有条件,在考察危害行为与危害结果之间的因果关系时所有条件具有"同等价值"。这一理论虽然全面扩大了责任基础的范围,但这在刑法中是可行的,因为它是对故意或有预见性的过失犯罪的主观要素进行分析的必要手段。然而,如果将这一理论运用到工伤保险法中势必会引起条件的漫无边际,造成每一起事故都与被保险工作具有联系而成为工伤事故。① 虽然《德国社会法典》第 7 条第 2 款甚至将违章操作引起的事故也纳入保险情形而不排除在工伤保险之外(只有蓄意制造工伤事故才不在保险之列),但这仍不及条件说可能带来的工伤事故无限扩大。例如,当某个工人因为维修设备手臂划伤,到达医院后,因医生处理不当感染破伤风而死。此时,本案应该是"工伤事故"还是"医疗事故"呢?如果按照条件说造成伤害的所有条件都是等值的,那么本案就是"工伤事故";但如果按照社会法上通行的"本质条件说"本案就应该是"医疗事故"。笔者认为,按照"医疗事故"处理似乎更加符合法律上一般人的理解,

---

① Gitter, FS für Watermann, S. 38.

也是更加合理的。再如,在民法因果关系的理论中,相当性理论占据主导地位。相当性理论在考察因果关系时注意损害过程是符合一般经验还是非同寻常,要求事件发生之因果历程必须符合一般事件的正常发展过程,将特殊的损害过程排除在法律保护之外。相当因果关系准则为,依职务本质之危险,可预见劳动灾害的发生,且危险与伤害的因果关系联络并未为任何独立介入的原则所打断,则就此伤害应予以劳灾赔偿。如果在工伤保险法中采用相当性理论,就可能造成工伤适用范围狭窄,导致那些非典型的损害过程不在保险保护的范围内。而工伤保险法的目的在于保障法定范围内的风险,一旦风险成为现实都属于保护范围,并不排除非典型过程的伤害。工伤保险必须对完全非典型的,但是因企业工作造成的事故予以保护,所以相当因果关系说也是不适用于工伤保险领域的。可见,不同的因果关系认定理论仅仅是在某一领域比较合适,如果强行地移植到其他领域,很可能就会发生排异反应。所以,我国在选择因果关系认定标准时一定要考虑各个法域的特点,进而"量体裁衣",制定适合各个法域的因果关系认定标准。

(四)德国因果关系认定的逻辑路径借鉴

如前所述,在德国刑法领域占统治地位的因果关系理论是条件说,如果一个特定的行为会引起一个特定的结果,就会确定两者之间的因果关系。根据条件说,在刑法上不同于社会法,所有引起结果发生的条件都被认为具有同等的价值,在刑法上是不存在主要原因这一概念的,同时也不存在民法上"适当性条件"的概念。而民法占统治地位的是"适当性理论",根据这一理论,在确定两个现象之间的因果关系同时,必须证明两者之间的因果关系是"适当的"。民法上的这一理论是以刑法上的条件说为起点,同时为了适应民事案件的特点,又对其进行了必要的调整。德国学者一致认为,条件说或等值说在认定因果关系时范围太广。[①] 例如,在共同侵权案件中,如果完全适用该理论,即每一个引发损害的条件都导致损害赔偿的后果,则将导致一个行为就整个无法预测的损害承担责任的后果,并将使得侵权行为的促成人必须和侵害人在同样范围内承担损害赔偿的责任,这显然违背民法的公平原理,无限延长了因果关系的锁链。因此,必须在条件说或等值说以外寻找其他标准以防止法律上的因果关系过分扩大。[②] 于是德国学者在民法上对条件说进行了修正,创造了相当因果关系说,根据这一理论,某一条件只有在"通常情况"下能够引起损害结果的发生,才存在法律上的因果关系。在此基础上,社会法对相当因果关系说,又进行了进一步的修正,创造了本质条件说,这一理论以相当因果关系说为基础,同时认为某一条件不单在"通常情况"下会引起损害结果的发生,而且必须是在当时的"特定条件"下会引起损害结果,才存在法律上的因果关系。

由此可见,德国刑法上的因果关系认定标准在三大法域中是最接近客观的,民法上开始从宏观上考虑当事人的主观因素,而社会法更是具体到个别的案件甚至个别的人,从微观上考虑当事人的特殊条件。这一从客观向主观逐步过渡的过程实际上是因果关系认定标准对各个法域的根本任务的积极回应。对此,笔者认为,德国这种根据不同法域解决问题的特点来确定相应的因果关系认定标准的做法,值得我国在建立因果关系认定体系时加以注意,并适当借鉴。众所周知,我国刑法、民法和社会法的根本任务不同,刑法的根本任务是打击犯罪,民法的根本任务是保障当事人的合

---

① Lange, Schadenseisafz, S. 31; Larenz, Schuldrecht, S. 13.

② 朱岩:《当代德国侵权法上因果关系理论和实务中的主要问题》,载《法学家》2004 年第 6 期。

法民事权益,社会法的根本任务是保障公民在相对困难的时期获得国家或者社会的帮助(例如,在年老、疾病或因公受伤时)。基于根本任务的不同,三大法域在认定因果关系时的目标也是不尽相同的。在刑法领域,是在某人涉嫌犯罪时,因果关系的认定结果直接关系犯罪嫌疑人的定罪判刑,有时甚至是“人命关天”(如涉及判死刑),所以,此时在进行因果关系的认定时应尽可能客观公正。在民法上认定因果关系时,主要是要使被侵权人获得一个相对更加合理的赔偿,其主要目标是金钱,那么其重要性就要略低于刑法因果关系的认定。另外,在民法上认定因果关系时,考虑的因素是要比刑法复杂的,它不单要考虑侵权人的行为和损害结果的关系,还要考虑事发时被侵权人是否有过错,是否也在一定程度上导致损害结果发生的问题,而在刑法上一般情况下是不需要考虑这一问题的。例如,在交通肇事案件中,驾驶人因酒驾发生撞人事故,造成被撞的人死亡,经过调查发现被撞的人在事发时违规横穿马路,具有过错。根据本案情况,在刑法上,司机由于酒驾发生交通事故,造成他人死亡,就构成了交通肇事罪,至于死者是否违规横穿了马路,在刑法上是不予考虑的;而在民法上,本案的司机由于酒驾过错造成他人死亡,与死亡结果有因果关系,死者横穿马路的行为也与其死亡有因果关系,所以,在判决赔偿金时一定要考虑到这一个因素。基于民法上因果关系认定与刑法的这两点不同,在确定因果关系认定标准时,可以给法官适当的自由裁量权。因为,在类似于上述的案例中,法官是很难百分之百客观地认定各个因素对于结果的发生起到了多大的作用的。在社会法上因果关系的认定就更加不同,社会法的根本任务通俗来说是要保护某种意义上“弱势群体”的利益,所以,社会法是向着这些人“偏向”的,所以在认定因果关系时应该尽可能保护被保障人的利益。例如,当多个原因同时造成了事故的发生，那么只要有一个原因符合工伤事故的要求，就应该认定这个原因和损害结果之间的因果关系，从而认定工伤事故的存在。

二、德国保险领域因果关系认定标准给我国的启示

以上是从宏观的角度，整体地分析了德国因果关系认定体系给我国的启示，本部分将把视角聚焦到德国的保险领域，进一步分析德国保险领域因果关系认定标准给我国的启示。德国保险领域的因果关系认定标准具有“二元性”的特征，即在私人事故保险和法定事故保险中分别采用不同的因果关系认定标准。在私人保险领域实行比例因果关系说，在法定事故保险中采用实质条件说。这种因果关系认定二元划分的方法，具有一定的合理性，体现了“因地制宜”原则，对我国具有一定的借鉴意义。

（一）在私人和法定事故保险中，确立有别于民法的因果关系认定标准

通过上文可以看出，德国的私人事故保险和法定事故保险在因果关系认定方面都不约而同地摒弃了民法上的因果关系认定标准，而发展出了符合自身法域特点的认定标准，私人事故保险中形成了比例化的因果关系认定标准，而法定事故保险又进而形成了本质条件说因果关系认定理论。在德国民法领域占统治地位的因果关系学说长期以来都是相当因果关系理论，也就是在确定两个现象之间的因果关系时，必须证明两者之间的因果关系是适当的，加害者只有在其能够预见损害结果的发生时，才承担相应的责任。换句话说，如果损害行为与损害结果之间仅仅是一种偶然的联系，而不是必然的结果，损害行为和损害结果之

间就不存在因果关系。[①] 但该理论本身也存在一定的弊端，如有的学者认为，相当因果关系就限制责任无法提供有效的标准，其本身包含了太多主观评判因素，其所主张的因果关系并不限于自然世界中的因果关系概念，是非客观的，所以，应该摒弃这种因果关系理论。[②] 加之保险事故本就不同于一般的民事事故，虽然两者表面上看都是一定的原因造成了相应的损害结果，但当事人对民事事故损害结果的发生并没有预见，也不会对其进行约定，其发生对于当事人来说具有极大的偶然性；而在保险事故中，保险人和被保险人之间对于损害的发生和方式已经有了某种预见，甚至对于"善后"作出了一定的契约安排，有鉴于此，德国私人事故保险和法定保险事故领域都对传统民法的因果关系认定标准作出了调整。

笔者认为，这种做法对于我国具有重要意义。我国自梁慧星老师于 2002 年在《雇主承包厂房拆除工程违章施工致雇工受伤感染死亡案评释》一文中首次提出相当因果关系理论以来，[③]相当因果关系理论就逐渐取代了必然因果关系理论，成为我国民法领域认定因果关系的通说，尽管理论界在讨论保险中的因果关系时多用近因说这一"理论外衣"，但从其讨论的内容上来看就是相当因果关系理论，[④]也就是说，实际上我国私人事故保险在制度层面也沿用了相当因果关系理论。在法定事故保险中，关于这个问题，无论在制度层面还是理论层面，似乎根本没有引起太多关注，制度上

---

① Palandt, Buergerliches Gesetzbuch, S. 1117.

② Cämmerer, Das Problem des Kausalzusammenhangs im Privatrecht, S. 156.

③ 梁慧星：《民法学说判例与立法研究》，法律出版社 2003 年版，第 272 页。

④ 造成这种局面的原因，笔者认为，盖因相当因果关系就是脱胎于近因说，随着时间的推移英美法上的近因说和德国的相当因果关系在理论上已经非常接近。

只有一个"三工"原则，理论上相关论著更是寥寥无几，在司法实践层面基本沿用了民法上的相当因果关系理论。鉴于我国私人事故保险领域和法定保险领域仍然沿用着传统民法领域的因果关系认定标准，而如前所述，保险事故和民事事故又大有不同，所以，笔者认为，应该效仿德国进行调整，建立适合我国保险领域、与传统民法领域不同的因果关系认定体系。

（二）在《保险法》和《工伤保险条例》中明确规定因果关系认定标准

因果关系的认定标准问题绝非一个可有可无的问题，而是一个保险法中的基本问题，否则也不会有许多教材将近因原则看成保险法的基本原则。其直接关系到保险责任的认定、保险费的赔付进而影响被保险人的人身财产权利。一个明确的标准会给司法实践明确的审判尺度，从而避免法官过度自由裁量给当事人带来的损害和司法的混乱局面。同案不同判、不同法院不同判决、不同法官不同标准会给司法权威带来极大挑战。大多数法治发达国家都明确规定了保险领域因果关系认定标准，英美两国通过判例确立了明确的近因原则，德国在其 AUB 中确立了比例原则，这些明确的标准都在司法实践中发挥了重要作用。

我国作为大陆法系国家，向来以成文法为主要法律渊源，然而对于因果关系认定标准这么重要的内容，立法机关却没有在《保险法》或《海商法》中明确作出规定。[①] 例如，《保险法》第 2 条规定："本法所称保险，是指投保人根据合同约定，向保险人支付保险费，保险人对于合同约定的可能发生的事故因其发生所造成的财产损

---

① 参见齐瑞宗、肖志立编著：《美国保险法律与实务》，法律出版社 2005 年版，第 85 页；李玉泉：《保险法》，法律出版社 1997 年版，第 86 ~ 87 页。

失承担赔偿保险金责任，或者当被保险人死亡、伤残、疾病或者达到合同约定的年龄、期限等条件时承担给付保险金责任的商业保险行为。”这里虽体现出因果关系的意思，但笔者认为这仅仅是对于因果关系的一种客观上的描述，而并没有提出因果关系之判断标准。《保险法》第 22 条第 1 款：“保险事故发生后，按照保险合同请求保险人赔偿或者给付保险金时，投保人、被保险人或者受益人应当向保险人提供其所能提供的与确认保险事故的性质、原因、损失程度等有关的证明和资料。”笔者认为，该条文中虽然也有提到“原因”一词，但其仅仅是提出了对于因果关系的证明义务，而不是因果关系的认定标准。《海商法》第 216 条第 2 款规定：“前款所称保险事故，是指保险人与被保险人约定的任何海上事故，包括与海上航行有关的发生于内河或者陆上的事故。”这个条文只是对“海上保险事故”所作的定义，虽然提到了保险因果关系的约定性特点，但并未明确提出如何判断是否为约定的事项造成了保险事故的认定标准，也即因果关系认定标准。

在工伤事故保险中，我国《工伤保险条例》第 14 条第 1 款规定，在工作时间和工作场所内，因工作原因受到事故伤害的，应认定为工伤。这里虽然出现了“原因”这个词汇，但很明显这里的工作原因只是对原因发生的场合作出了描述，而并非因果关系认定的标准。具言之，只有确定“工作原因”和损害结果之间应该达到什么程度的引起和被引起关系的表述，才是真正意义上的因果关系认定标准，而仅仅用“工作原因”这样的表述，是欠缺可操作性的。在这一点上，笔者认为，我国应效仿德国，在法律上明确规定商业事故保险和工伤事故保险的因果关系认定标准，以避免司法实践中的自由裁量权过大的弊端。

(三)采用“一体化”的分析进路

保险法上的因果关系认定标准的确立,不能够仅仅考虑保险法自身特点,还应系统考虑相关的法律领域,具言之,就是民法和工伤保险领域。之所以要考虑民法是因为,保险法脱胎于民法,其本身也属于传统民法的范畴,与民法有很多相似之处;同时作为新兴的法律,保险法又有许多不同于传统民法的自身特征。所以,在确立保险法上因果关系时要考虑到这一点,确立既符合保险法所具有的民法特征,又符合其独有特征的因果关系认定标准。同时,在确立保险法领域因果关系认定标准时,还应兼顾工伤保险法,因为工伤保险和商业事故保险虽然都是保险,但两者在立法目的、立法原则、基本任务和实现的社会功能方面有很大的不同,所以两者的因果关系认定标准应该有所区别。

(四)明确相关的概念体系

为了保证因果关系的认定体系能够得到实现,还应该明确相关的概念。例如,关于“事故”概念的确定,我国的《工伤保险条例》只是提出了“事故”这个名词,但并未对其进行解释,以致在实践中经常发生争议。在工伤事故的认定中,一般认为,事故一般是指工业事故,“包括在工业生产过程中,因管理、指挥、设计、操作上的疏忽、不慎等过错所致的损失或灾祸”。[①] 但是,如果仅仅将工业事故算作工伤事故显然是不正确的。笔者认为,事故还应包括企业工作中发生的其他的意外事件,如:在工作中受到暴力或者天灾等意外伤害;因工外出期间,由于工作原因受到的伤害,或者下落不明;上下班途中因机动车肇事引起伤害等事故。由于《工伤保险条例》关于“事故”定义上的缺失,加之实践中对“事故”认定的

① 杨立新:《工伤事故的责任认定和法律适用》(上),载《法律适用》2003 年第 10 期。

狭窄,导致本应被认定为工伤事故的情形被排斥在工伤保险赔付之外。德国 AUB 将“事故”定义为:被保险人因为一个突然的外部力量作用于身体而遭受损失的状态。法定事故保险则在这一定义的基础上,进一步将法定保险事故限定在工作时间内发生的事故。笔者认为,效仿德国将“事故”定义为外部力量造成的损害更为合理。因为工伤保险带有某种福利性质,其本质是保障劳动者的身体健康权,这是工伤保险的主要目的,那么,只要是在工作时间或者工作环境中发生了非本人原因所致的身体健康损害,就应该本着尽可能有利于劳动者的原则确定相关概念,显然,将“事故”定义为外部力量造成的身体伤害,更有利于劳动者,所以,不应该将事故仅仅限定为“工业事故”。

再如,我国《工伤保险条例》第 15 条规定,在工作时间和工作岗位,突发疾病死亡或者在 48 小时之内经抢救无效死亡的视同工伤。也就是说,在我国,只要是在工作时间死亡或抢救后死亡,无论是疾病还是事故都认定为工伤,也就不存在疾病和事故哪一个是主要原因的问题。但是,如果先前患有非因公的疾病,在工作时间或者工作岗位上又发生了事故,在两者的合力下,造成了非死亡的伤残结果的情况下,应该如何认定因果关系进而确定是否赔偿的问题,在我国的学术界鲜有研究,甚至可以说是没有研究,只有个别文章在进行其他相关问题的论述中对其有“无心插柳”式的连带涉及。如有的学者认为:“判断工伤事故,应当掌握最基本的三个因素,这就是工作时间、工作场合和工作原因。”[①]这样的论断显然不能解决疾病和事故同时对伤残结果发生作用,应如何认定

---

① 杨立新:《工伤事故的责任认定和法律适用》(上),载《法律适用》2003 年第 10 期。

因果关系的问题。有鉴于此,我国应该效仿德国规定,只要是因公的事故对损害的结果起到了“本质作用”,那么无论这种作用的大小,也无论被保险者是否有先前疾病,都应该确定事故与伤害结果之间的因果关系,工伤保险为此应该给予赔付。

（五）在商业事故保险和工伤事故保险中确定“两元”的因果关系认定标准

在我国,商业事故保险和工伤事故保险分属于不同的法域,一个属于民法,一个属于社会法,但是两者有很多相似之处,如果摒弃所有社会属性,两者在外观上几乎是完全一致的,两者承保的事故都是因为某种外在力量而造成了身体上的损害,例如,某人因走路时用力不当造成骨折,如果它是发生在工作场合就有可能是工伤事故,如果不是工作场合,它就是一般事故。另外,从实然方面,两者在我国都是由法院民庭进行审判,法官在审理时很容易形成惯性思维,将分属于两个法域的案件作相同的处理。而实际上商业事故保险和工伤事故保险虽然都是保险,但是两者的社会功能却是截然不同的,相比之下,工伤事故保险更加强调对被保险人的保护,更注重保护社会的稳定性。而在商业事故保险中,虽然是排到了最后,但是“营利性”仍然是不可以回避的话题,所以商业事故保险更加注重保险人和被保险人之间的“平等性”。这种差异性就决定两个领域的因果关系认定标准应该有所区别。而德国在法定事故保险和私人事故保险的认定上采用了不同的因果关系认定标准,这种区分确定因果关系的办法的好处就是,体现了私人保险事故和法定保险事故的不同性质以及事故发生环境的不同。现阶段在我国,商业事故保险（相当于德国的私人事故保险）和工伤保险（相当于德国的法定事故保险）领域中的因果关系的确定标准应该是“同一的”还是“两元的”问题,却鲜有人问津,研究成果呈“空白”状态。笔者认为，我国的商业事故保险和工伤事故保险中因果关系的检验应该有所不同，因为两者在保险性质上存在不同。《工伤保险条例》第 1 条规定：“为了保障因工作遭受事故伤害或者患职业病的职工获得医疗救治和经济补偿，促进工伤预防和职业康复，分散用人单位的工伤风险，制定本条例。”可见，在我国工伤保险带有明显的保障性和福利性，基本不具有营利性的特点，而众所周知商业保险带有一定的营利性，所以，在因果关系的认定上两者应该有所不同，工伤保险中的因果关系的认定应更加偏重于保护受伤者的利益。具言之，只要伤者先前存在的疾病和特殊体质在事故发生时没有减损其生存能力，或者说是没有事故的发生，先前疾病和特殊体质并不能单独造成所发生的损害，并且这种损害是发生在工作时间和工作场所，伤者都应获得赔偿。

图书在版编目(CIP)数据

德国保险领域因果关系认定标准研究 / 赵越著. -- 北京 : 法律出版社, 2021
ISBN 978 - 7 - 5197 - 5349 - 8

Ⅰ. ①德… Ⅱ. ①赵… Ⅲ. ①保险法-研究-德国 Ⅳ. ①D951.622.8

中国版本图书馆 CIP 数据核字(2021)第 034371 号

德国保险领域因果关系认定标准研究
DEGUO BAOXIAN LINGYU YINGUO GUANXI RENDING BIAOZHUN YANJIU

赵 越 著

责任编辑 韩满春
装帧设计 李 瞻

出版 法律出版社
总发行 中国法律图书有限公司
经销 新华书店
印刷 北京虎彩文化传播有限公司
责任校对 周合芝 周诗湄
责任印制 陶 松
编辑统筹 学术·对外出版分社
开本 A5
印张 6
字数 131 千
版本 2021 年 3 月第 1 版
印次 2021 年 3 月第 1 次印刷

法律出版社/北京市丰台区莲花池西里 7 号(100073)
网址/www. lawpress. com. cn
投稿邮箱/info@ lawpress. com. cn
举报维权邮箱/jbwq@ lawpress. com. cn
销售热线/400 - 660 - 8393
咨询电话/010 - 63939796

中国法律图书有限公司/北京市丰台区莲花池西里 7 号(100073)
全国各地中法图分、子公司销售电话:
统一销售客服/400 - 660 - 8393/6393
第一法律书店/010 - 83938432/8433
西安分公司/029 - 85330678
重庆分公司/023 - 67453036
上海分公司/021 - 62071639/1636
深圳分公司/0755 - 83072995

书号:ISBN 978 - 7 - 5197 - 5349 - 8
定价:45.00 元
(如有缺页或倒装,中国法律图书有限公司负责退换)